구성

4단계 중요도
구글에서 사용된
빈도에 따라
★ 250억~21억
● 20억~10억
○ 10억~3억
없음 3억~

추가로 표기

지로 분류
어, 과학 용어, 국제 기관,
단위, 물건, 사람 호칭, 시설 기관, 생활용어,
성적인 용어, 의학 용어, 정부 기관, 지역 이
름, 질병, 채팅 용어, 컴퓨터 용어, 회사 용
어, 회사 이름

◉ **ASAP** [ˈɒɪˌsæp] 채팅 용어

As Soon As Possible [ˌæz sun əz ˈpɑːsəbəl]

빠른 시간 내로. 긴급함을 나타낸다.

A: When do you need this report? 이 보고서 언제까지
   필요해?

B: ASAP, we have a meeting in the afternoon. 가능
   한 빨리, 오후에 미팅이 있어.

약어
530개
수록

실제 단어
약어로 줄이기
전의 단어와
영어 발음 ②

해석
실제 단어의
해석과 사용법

대화
105개의 채팅 용어에는
맥락을 이해할 수 있는
영어 대화와 해석 수록

악어 현대영어 약어사전 530
1판 1쇄 2023년 12월 14일 ㅣ **지은이** Mike Hwang ㅣ **발행처** Miklish
전화 010-4718-1329 ㅣ **홈페이지** miklish.com
e-mail iminia@naver.com ㅣ **ISBN** 979-11-87158-53-0

○ **2NITE** ['tuː,naɪt] 채팅 용어

Tonight 오늘 밤. 2를 two로 읽었다.
A: When is the party? 파티 언제야?
B: It's 2NITE at 7 PM. 오늘 밤 7시야.

AAA [ˌtrɪpl 'eɪ] 사설 기관

American Automobile Association
[əˈmɛrɪkən ˌɔːtəmoʊˈbiːl əsousiˈeɪʃən]
미국 자동차 협회.

AARP 사설 기관

American Association Of Retired
Persons [əˈmɛrɪkən əˌsousiˈeɪʃən əv
rɪˈtaɪə˞d ˈpɜːrsənz]
미국 은퇴자 협회.

● **ABS** 물건

Anti-lock Braking System
['ænti lɑːk 'breɪkɪŋ 'sɪstəm]
자동차 브레이크가 급격하게 작동될 때
바퀴가 잠기는 것을 방지하는 시스템.

★ **AC, A/C** 물건

Air Conditioning [ɛər kənˈdɪʃənɪŋ]
공기 조절, 에어컨, 주로 냉방.

○ **AC** 과학 용어

Alternating Current
['ɔːl.tə.neɪ.tɪŋ 'kɜːr.ənt]
교류. 전류의 한 형태. 반대말: DC

ACLU 사설 기관

American Civil Liberties Union
[əˈmɛrɪkən 'sɪvɪl 'lɪbərtiz 'junjən]
미국 시민 자유 연합.

★ **AD** ① 사람 호칭

Anno Domini ['ænoʊ 'dɒmini]
기원후. 그리스도 탄생 후의 연도. 라틴어
로 '우리 주의 연대'를 의미한다.
비슷한 말: CE

★ **ad** ② [æd] 회사 용어

Advertisement [əd'vɜːtɪsmənt] 광고

○ **ADHD** 질병

Attention Deficit Hyperactivity
Disorder
[əˈtɛnʃən 'dɛfɪsɪt ˌhaɪpəræk'tɪvɪti dɪs'ɔːrdər]
주의력 결핍 과잉 행동장애. 잘 집중하지
못하는 것에 대한 신경 발달 장애.

● **admin** ['ædmɪn] 회사 용어

Administrator / Administration
[ˌædmɪˈnɪstreɪtər/əd,mɪni'streɪʃən]
핀리지 / 관리

AFL-CIO 정부 기관

American Federation of Labor and
Congress of Industrial Organizations
[əˈmɛrɪkən ˌfɛdəˈreɪʃən əv 'leɪbə˞ ənd
'kɑːŋgrəs əv ɪnˈdʌstriəl ˌɔːrgənə'zeɪʃənz]
미국 노동 연맹 및 산업 조직 의회.

● **AG** 정부 기관

Attorney General [əˈtɜːrni 'dʒɛnərəl]
검찰 총장, 또는 법무장관.

★ **AI** 컴퓨터 용어

Artificial Intelligence
[ˌɑːrtɪˈfɪʃəl ɪnˈtɛlɪdʒəns]
인공 지능. 인간과 유사한 학습 및 문제
해결 능력을 가진 컴퓨터 시스템.

○ **AIDS** [eɪdz] 질병

Acquired Immune Deficiency
Syndrome
[əˈkwaɪə˞d ɪˈmjun dɪˈfɪʃənsi 'sɪndroʊm]
에이즈. 후천성 면역 결핍증. 1980년대
초 정의된 질병.

AJAX ['eɪdʒæks] 컴퓨터 용어

Asynchronous JavaScript And XML
[ˌeɪsɪŋ'krɒnəs 'dʒævə,skrɪpt ənd 'ɛksməl]
비동기 자바스크립트 및 XML. 홈페이지
를 만들 때 쓰는 컴퓨터 기술.

AKA `채팅 용어`

Also Known As ['ɔːlsoʊ noʊn 'æz]
또는 알려진 이름으로. 다른 이름, 종종
별명으로 어떤 사람이나 물건을 지칭할
때 사용한다.

A: Do you know Robert King? 로버트 킹 알아?
B: AKA the tech wizard? Of course! 기술의 마법
사라고도 불리는 그 사람 말이지? 물론 알아!

★ AL `지역 이름`

Alabama [,ælə'bæmə]
앨라배마 (미국의 지역).

★ AM `생활 용어`

Ante Meridiem ['ænti mə'rɪdiəm]
오전. 라틴어로 '정오 전'을 의미한다. 24
시간 체계를 사용하지 않는 국가들에서
오전을 나타내기 위해 사용된다.

A: The flight is at 7 AM. 비행기는 오전 7시에 있어.
B: That's really early! 정말 이른 시간이네!

AMC ① `회사 이름`

American Motors Corporation
[ə'mɛrɪkən 'moʊtərz ,kɔːr.pə'reɪ.ʃən]
미국 자동차 회사.

AMC ② `회사 이름`

AMC Entertainment Holdings
['eɪ 'em 'siː ,ɛntə'teɪnmənt 'hoʊldɪŋz]
영화관 운영 회사.

ANSI ['ænzi] `사설 기관`

American National Standards Institute
[ə'mɛrɪkən 'næʃənəl 'stændərdz 'ɪnstɪ,tjut]
미국 국가 표준 협회.

● AP `사설 기관`

Associated Press [ə'soʊsi,eɪtɪd 'prɛs]
미국의 연합뉴스. 1846년에 다섯 개의
뉴욕 신문에 의해 설립되었다.

API `컴퓨터 용어`

Application Programming Interface
[,æplɪ'keɪʃən 'proʊgræmɪŋ 'ɪntər,feɪs]
응용 프로그래밍 인터페이스. 소프트웨
어 구축 도구.

★ app [æp] `컴퓨터 용어`

Application [,æplɪ'keɪʃən] 애플리케이션

★ Apr `생활 용어`

April ['eɪprəl] 4월

ARPANET ['ɑːrpənet] `컴퓨터 용어`

Advanced Research Projects Agency
NETwork [əd'vænst rɪ'sɜːrtʃ 'prɑːdʒekts
'ɛrə ,nɛt,wɜːrk]
고급 연구 프로젝트 에이전시 네트워크
(인터넷의 초기 형태).

○ ASAP ['eɪ,sæp] `채팅 용어`

As Soon As Possible [,æz sun æz 'pɑːsəbəl]
빠른 시간 내로. 긴급함을 나타낸다.

A: When do you need this report? 이 보고서 언
제까지 필요해?
B: ASAP, we have a meeting in the afternoon.
가능한 빨리, 오후에 미팅이 있어.

○ ASL `채팅 용어`

Age/Sex/Location [eɪdʒ/sɛks/lə'keɪʃən]
나이/성별/위치. 자신을 소개할 때 쓴다.

A: Who was that person in the chat room?
채팅방에 그 사람이 누구야?
B: He just kept asking ASL. So annoying.
그는 계속 나이/성별/위치를 물어봤어. 진짜 짜증
났어.

ATF `정부 기관`

Bureau of Alcohol, Tobacco, Firearms
and Explosives ['bjʊroʊ əv 'ælkəhɔːl,
tə'bækoʊ, 'faɪərmz ənd ɪk'sploʊsɪvz]
미국의 알코올, 담배, 화기 및 폭발물국.

○ ATM ① `생활 용어`

Automated Teller Machine
[,ɔːtə'meɪtɪd 'tɛlər mə'ʃiːn]
자동 현금 인출기.

○ **ATM** ② 회사 용어

At The Moment [ˌæt ðə ˈmoʊmənt] 지금은.

ATV 물건

All-Terrain Vehicle [ˌɔːl təˈreɪn ˈviːɪkəl]
오프로드 차량.

★ **Aug** [ɔːg] 생활 용어

August [ˈɔːgʌst] 8월

★ **auto** [ˈɔːtoʊ] 물건

automobile [ˌɔːtəˈmoʊbiːl] 자동차

★ **auto** [ˈɔːtoʊ] 물건

automatic [ˌɔːtəˈmætɪk] 자동

○ **Ave.** [æv] 생활 용어

Avenue [ˈævəˌnjuː] 큰 길

AWOL [ˈeɪwɔl] 회사 용어

Absent WithOut Leave
[ˈæbsənt wɪˈðaʊt liːv]
무단 결근.

○ **AWS** 회사 용어

Amazon Web Services
[ˈæməzɒn web ˈsɜːrvɪsɪz]
아마존 클라우드 컴퓨팅 서비스.

○ **B2B** [ˌbiːˈtuːˌbiː] 경제 용어

Business to Business [ˈbɪznɪs tu ˈbɪznɪs]
기업 대 기업. 다른 기업을 대상으로 물
건을 팔거나 서비스하는 기업. **반대말:**
B2C

○ **B2C** [ˌbiːˈtuːˌsiː] 경제 용어

Business to Consumer
[ˈbɪznɪs tu kənˈsjuːmər]
소비자에게 물건이나 서비스를 파는 기
업. **반대말:** B2B

○ **B4** [biːˈfɔr] 채팅 용어

Before

이전에. 4의 영어발음 four에서 따왔다.

A: Make sure to read the instructions B4 you
start. 시작하기 전에 반드시 지시사항을 읽어봐.
B: Got it, thanks. 알았어, 고마워.

● **BBC** 사설 기관

British Broadcasting Corporation
[ˈbrɪtɪʃ ˌbrɔːdkæstɪŋ ˌkɔːr.pəˈreɪ.ʃən]
영국 방송 공사. 세계적으로 널리 알려진
뉴스 및 엔터테인먼트 콘텐츠를 제공한다.

○ **BBL** 채팅 용어

Be Back Later [bi bæk ˈleɪtər]
나중에 돌아올게.

A: Where are you going? 어디 가?
B: To the store. BBL. 상점에 가. 나중에 돌아올게.

● **BBW** 성적인 용어

Big Beautiful Woman
[bɪg ˈbjuːtɪfəl ˈwʊmən]
몸집이 큰 아름다운 여성.

● **BC** ① 생활 용어

Before Christ [bɪˈfɔːr kraɪst]
기원전. 그리스도 탄생 이전의 연도.

● **BC** ② 채팅 용어

BeCause [bɪˈkɔːz] 왜냐하면.

○ **BCC** 회사 용어

Blind Carbon Copy
[blaɪnd ˈkɑːrbən ˈkɒpi]
숨김 참조 사본. 숨겨진 이메일 수신자.
과거에 카본지를 사용하여 사본을 만들
던 것에서 이름을 따왔다.

BCD 컴퓨터 용어

Binary-Coded Decimal
[ˈbaɪnəri ˈkoʊdɪd ˈdɛsɪməl]
이진 부호화된 십진법.

BCE 생활 용어

Before Common Era

[bɪˈfɔːr ˈkɒmən ˈɪrə]
공통 시대 이전. 종교적이지 않은 표현의 BC.

○ BDSM [ˈbiː dɛs ˈɛm] `성적인 용어`
Bondage and Discipline, Dominance and Submission, Sadism and Masochism
[ˈbɒndɪdʒ ənd ˈdɪsəplɪn, ˈdɒmɪnəns ənd səbˈmɪʃən, ˈseɪdɪzəm ənd ˈmæsəkɪzəm]
속박 및 훈육, 지배 및 제출, 가학증 및 자기학대증. 변태적인 성적 취향의 일종.

BEV `물건`
Battery Electric Vehicle
[ˈbætəri ɪˈlɛktrɪk ˈviːɪkəl]
배터리 전기 차량.

○ BF `채팅 용어`
BoyFriend [ˈbɔɪˌfrɛnd] 남자친구.

○ BFF `채팅 용어`
Best Friends Forever 영원한 최고의 친구.
[bɛst frɛnz fɔːrˈɛvər]
A: Who's that girl you're always with? 너가 항상 같이 다니는 그 여자애 누구야?
B: She's my BFF. 내 BFF야.

★ bike [baɪk] `물건`
Bicycle [ˈbaɪsɪkl] 자전거

● bio [ˈbaɪoʊ] `과학 용어`
Biology [baɪˈɒlədʒi] 생물학

BIOS [ˈbaɪas] `컴퓨터 용어`
Basic Input/Output System
[ˈbeɪsɪk ˈɪnpʊt ˈaʊtpʊt ˈsɪstəm]
기본 입력/출력 시스템.

★ blog [blɒg] `컴퓨터 용어`
Weblog [ˈwɛbˌlɒg] 웹로그

BLS `정부 기관`
Bureau of Labor Statistics
[ˈbjʊroʊ əv ˈleɪbər stəˈtɪstɪks]
미국의 노동 통계국.

BLT `물건`
Bacon, Lettuce, Tomato
[ˈbeɪkən, ˈlɛtɪs, təˈmeɪtoʊ]
베이컨, 양상추, 토마토가 들어간 샌드위치 종류.

○ Blvd. [ˈbʌlə,vɑːrd] `생활 용어`
Boulevard [ˈbʌlə,vɑːrd] 대로

BMX `게임 용어`
Bicycle Motocross
[ˈbaɪsɪkəl ˈmoʊtoʊ,krɒs]
자전거 모토크로스. 거친 노면에서 탈 수 있게 만든 자전거.

● B.O. ① `생활 용어`
Box Office [bɒks ˈɒfɪs]
영화 흥행 순위.

● B.O. ② `질병`
Body Odor [ˈbɒdi ˈoʊdər] 체취.

○ BOGOF [ˈbɒgɒf] `채팅 용어`
Buy One Get One Free
[baɪ wʌn gɛt wʌn friː]
하나 사면 하나 무료.
A: The shoes I want are on sale! 내가 원하는 신발이 세일 중이야!
B: Awesome! Is it a BOGOF deal? 대박! 1+1 행사야?

BPM `단위`
Beats Per Minute [biːts pər ˈmɪnɪt]
분당 박자. 음악의 빠르기를 나타낸다.

★ BR `채팅 용어`
Best Regards [bɛst rɪˈgɑːrdz]
감사합니다. 주로 편지나 이메일의 마지막에 사용되는 인사말.
A: I finished the email. I'm signing it off with 'BR, [Your Name]'. 이메일을 마쳤어. 'BR, [내 이름]'

으로 마무리 지을 거야.

B: Sounds professional! 전문적으로 들린다!

○ BRB `채팅 용어`

Be Right Back [bi raɪt bæk]
곧 돌아올게. 주로 온라인 채팅에서 잠시
자리를 비울 때 쓴다.

A: Where are you? The movie is starting! 어디
야? 영화가 시작돼!

B: BRB, just grabbing popcorn. 곧 돌아갈게, 팝콘
좀 가져오는 중이야.

○ bro [broʊ] `사람 호칭`

brother [ˈbrʌðər] 형, 오빠 남동생

BSA `사설 기관`

Boy Scouts Of America
[bɔɪ skaʊts əv əˈmɛrɪkə]
미국 소년 스카우트.

BSD `컴퓨터 용어`

Berkeley Software Distribution
[ˈbɜːrkli ˈsɒftwɛr ˌdɪstrɪˈbjuːʃən]
버클리 소프트웨어 배포. 유닉스와 유사
한 무료 컴퓨터 운영 체제.

○ BT `물건`

Bluetooth [ˈbluːtuːθ]
블루투스. 1990년대 후반에 개발된 무선
통신 기술.

BTU `단위`

British Thermal Unit
[ˈbrɪtɪʃ ˈθɜːrməl ˈjuːnɪt]
영국의 열량 단위. 에너지 측정.

○ BTW `채팅 용어`

By The Way [baɪ ðə weɪ]
그런데. 추가 정보를 제공할 때.

A: I'm going to the grocery store. 식료품점에 갈
거야.

B: BTW, can you grab some milk? 그런데, 우유
좀 사다줄래?

★ bus [bʌs] `물건`

omnibus [ˈɒmnɪˌbʌs] 대중 교통 수단

○ BYOB `채팅 용어`

Bring Your Own Beer [brɪŋ jɔːr oʊn bɪr]
본인의 맥주 가져와.

A: Are we having a party tonight? 오늘 밤에 파
티 하는 거야?

B: Yes, and it's BYOB. 응, 그리고 맥주는 각자 가져와.

BYOD `회사 용어`

Bring Your Own Device
[brɪŋ jɔːr oʊn dɪˈvaɪs]
자신의 장치 가져오기.

○ cab [kæb] `물건`

taxicab [ˈtæksiˌkæb] 택시

○ Capt. [kæpt] `사람 호칭`

captain [ˈkæptɪn] 대위 또는 선장

○ CAPTCHA [ˈkæptʃə] `컴퓨터 용어`

Completely Automated Public Turing
Test To Tell Computers and Humans
Apart
[kəmˈpliːtli ˈɔːtəˌmeɪtɪd ˈpʌblɪk ˈtjʊrɪŋ tɛst tə
tɛl kəmˈpjuːtərz ənd ˈhjuːmənz əˈpɑːrt]
컴퓨터와 인간을 구별하기 위한 완전히
자동화된 퍼블릭 튜링 테스트. 인공지능
의 지능을 평가한다.

○ CB `물건`

Citizens Band (Radio)
[ˈsɪtɪzənz bænd ˈreɪdioʊ]
시민 대역 (라디오). 일반 시민이 사용할
수 있는 무선 통신 대역.

CBC ① `의학 용어`

Complete Blood Count 완전한 혈액 검사
[kəmˈpliːt blʌd kaʊnt]

CBC ② `사설 기관`

Canadian Broadcasting Corporation

[kə'neɪ.di.ən 'brɔːd.kæst.ɪŋ ,kɔːr.pə'reɪ.ʃən]
캐나다 방송 협회.

★ CC 회사 용어

Carbon Copy ['kɑːrbən 'kɒpi]
참조 사본. 이메일에서 여러 사람에게 동
일한 내용을 전송할 때 사용된다.

CCP 정부 기관

Chinese Communist Party
['tʃaɪniːz 'kɒmjʊnɪst 'pɑːrti]
중국 공산당.

● CD 물건

Compact Disc ['kɒmpækt dɪsk]
컴팩트 디스크. 데이터를 담는 원반.

○ CDC 정부 기관

Centers for Disease Control and
Prevention
['sɛntərz fɔr dɪ'ziːz kən'troʊl ənd prɪ'vɛnʃən]
질병 통제 및 예방 센터. 1946년 설립된
미국 보건 보호 기관.

★ CE 생활 용어

Common Era ['kɒmən 'ɪrə]
공통 시대. 종교적이지 않게 표현하는
'기원 후'.

○ celeb [sə'lɛb] 사람 호칭

celebrity [sə'lɛbrəti] 연예인

● CEO 사람 호칭

Chief Executive Officer 대표이사.
[tʃiːf ɪg'zɛkjətɪv 'ɒfɪsər]

CFL 물건

Compact Fluorescent Lamp
['kɒmpækt flʊ'ɛrəsənt læmp]
소형 형광등.

○ CFO 사람 호칭

Chief Financial Officer

[tʃiːf faɪ'nænʃəl 'ɒfɪsər]
재무 최고 책임자.

CGI 컴퓨터 용어

Computer-Generated Imagery
[kəm'pjuːtər 'dʒɛnəreɪtɪd 'ɪmɪdʒri]
컴퓨터로 생성된 사진.

CIA 정부 기관

Central Intelligence Agency
['sɛntrəl ɪn'tɛlɪdʒəns 'eɪdʒənsi]
중앙 정보국. 미국 정보 서비스.

CID 회사 용어

Caller IDentification
['kɔːlər ,aɪdɛn'tɪfɪ'keɪʃən]
발신자 표시.

CLI 컴퓨터 용어

Command-Line Interface
[kə'mænd laɪn 'ɪntərfeɪs]
명령줄 인터페이스.

CMO 사람 호칭

Chief Marketing Officer
[tʃiːf 'mɑːrkɪtɪŋ 'ɒfɪsər]
마케팅 최고 책임자.

CMYK 컴퓨터 용어

Cyan Magenta Yellow Black
['saɪən mə'dʒɛntə 'jɛloʊ blæk]
청록 자홍 노랑 검정. 인쇄할 때 쓰는 4가
지 색상 체계.

CNC 컴퓨터 용어

Computer Numerical Control
[kəm'pjuːtər njuː'mɛrɪkəl kən'troʊl]
컴퓨터 수치 제어.

○ Co. 회사 이름

Company ['kʌmpəni] 회사.

○ CO2 [,siː,oʊ'tuː] 과학 용어

Carbon Dioxide ['kɑːrbən daɪ'ɒksaɪd]

이산화탄소.

COB 회사 용어
Close Of Business [kloʊz əv 'bɪznɪs]
영업 종료.

○ **COD ①** 회사 용어
Cash On Delivery [kæʃ ɒn dɪ'lɪvəri]
대금 수령 시 결제. 지불 방법.

○ **COD ②** 게임 용어
Call Of Duty [kɔːl əv 'djuːti]
콜 오브 듀티. 전쟁과 관련된 인기 있는
컴퓨터 게임.

○ **condo** ['kɒndoʊ] 물건
condominium [ˌkɒndə'mɪniəm] 공동 주택

COO 사람 호칭
Chief Operating Officer 최고 운영 책임자.
[tʃiːf 'ɒpəreɪtɪŋ 'ɒfɪsər]

COPD 질병
Chronic Obstructive Pulmonary
Disease
['krɒnɪk əb'strʌktɪv 'pʌlmənəri dɪ'ziːz]
만성 폐쇄성 폐 질환.

● **Corp.** [kɔːrp] 회사 용어
corporation [ˌkɔːr'pə'reɪʃən] 법인

CP/M [ˌsiːˌpiː'em] 컴퓨터 용어
Control Program For Microcomputers
[kən'troʊl 'proʊɡræm fɔr 'maɪkrə,kɒmpjutərz]
마이크로컴퓨터용 제어 프로그램 (초기
컴퓨터 운영체제).

○ **CPR** 의학 용어
CardioPulmonary Resuscitation
[ˌkɑːrdioʊ'pʌlmə,nɛri ,riːsəsɪ'teɪʃən]
심폐 소생술.

○ **CPU** 컴퓨터 용어

Central Processing Unit 중앙 처리 장치.
['sɛntrəl 'prɒsɛsɪŋ 'juːnɪt]

● **CS** 컴퓨터 용어
Computer Science [kəm'pjuːtər 'saɪəns]
컴퓨터 과학.

○ **CSS** 컴퓨터 용어
Cascading Style Sheets
[kə'skeɪdɪŋ staɪl ʃiːts]
계단식 스타일 시트. 웹 문서를 디자인하
기 위한 스타일시트 언어.

CST 회사 용어
Central Standard Time
['sɛntrəl 'stændərd taɪm]
중부 표준 시간. 미국의 중앙 시간대.

● **CT** 의학 용어
Computed Tomography
[kəm'pjuːtɪd tə'mɒɡrəfi]
컴퓨터 단층 촬영. 1970년대에 Godfrey
Hounsfield와 Allan Cormack가 개발했다.

○ **CTA** 회사 용어
Call To Action [kɔːl tuː 'ækʃən] 행동 촉구.

○ **CTO** 사람 호칭
Chief Technology Officer
[tʃiːf tɛk'nɒlədʒi 'ɒfɪsər]
최고 기술 책임자.

CTR 회사 용어
Click-Through Rate [klɪk 'θruː reɪt] 클릭율.

○ **CU** 채팅 용어
See You [siː juː]
(또) 보자. CU의 발음에서 따온 줄임말.
A: I'm heading out now. 이제 나갈 거야.
B: CU later! 나중에 봐!

● **CV** 회사 용어
Curriculum Vitae [ˌkʊrɪ'kjʊləm 'viːteɪ]

전문 이력서를 의미한다. 라틴어
Curriculum(경로), Vitae(생애)의 약어.

CVS ① 회사 용어
Concurrent Versions System ['kɒnkərənt
'vɜːʒənz 'sɪstəm] /
동시 버전 시스템

CVS ② 회사 이름
Consumer Value Stores (Pharmacy
Chain) [kən'sjuːmər 'vælju: stɔːrz]
소비자 가치 상점 (약국 체인).

CVV 회사 용어
Card Verification Value
[kɑːrd ˌvɛrɪfɪ'keɪʃən 'vælju:]
카드 검증 값. 신용 카드 보안 코드.

○ CWOT 채팅 용어
Complete Waste Of Time 시간 낭비.
[kəm'pliːt weɪst əv taɪm]
A: Should I watch that new movie? 그 새로운 영
화 볼까?
B: It's a CWOT, I didn't enjoy it at all. 완전 시간
낭비야, 전혀 재미 없었어.

DBA 회사 용어
Doing Business As ['duːɪŋ 'bɪznɪs əz]
사업으로서 하는.

★ DC 과학 용어
Direct Current [dɪ'rɛkt 'kʌrənt]
직류. 전기 전류 유형. 반대말: AC

DDOS 컴퓨터 용어
Distributed Denial Of Service
[dɪ'strɪbjuːtɪd dɪ'naɪəl əv 'sɜːrvɪs]
분산 서비스 거부.

DDR 컴퓨터 용어
Double Data Rate ['dʌbəl 'deɪtə reɪt]
더블 데이터 속도 (RAM의 종류).

DEA 정부 기관
Drug Enforcement Administration
[drʌg ɪn'fɔːsmənt ˌædmɪ'nɪstreɪʃən]
마약 집행 기구.

● Dec 생활 용어
December [dɪ'sɛmbər] 12월

○ Deli ['deli] 생활 용어
delicatessen [ˌdelɪkə'tesən] 특산품 가게

● demo ['dɛmoʊ] 회사 용어
demonstration [ˌdɛmən'streɪʃən] 시연

○ Dep. [dɛp] 회사 용어
department [dɪ'pɑːrtmənt] 부서

○ Det. [dɛt] 사람 호칭
detective [dɪ'tɛktɪv] 탐정

DHCP 컴퓨터 용어
Dynamic Host Configuration Protocol
[daɪ'næmɪk hoʊst ˌkɒnfɪ'gjʊreɪʃən 'proʊtəkɒl]
동적 호스트 구성 프로토콜.

DHS 정부 기관
Department of Homeland Security
[dɪ'pɑːrtmənt əv 'hoʊmlænd sɪ'kjʊrɪti]
국토 안보부.

● diner ['daɪ.nər] 생활 용어
dining car ['daɪnɪŋ kɑr]
식당차, 도로변 작은 식당

○ DINK [dɪŋk] 채팅 용어
Double Income, No Kids
['dʌbəl 'ɪnkʌm noʊ kɪdz]
이중 소득, 아이 없음. 아이를 갖지 않는
부부 유형.
A: How can they afford such a big trip? 그렇게
큰 여행을 어떻게 할 수 있는 거지?
B: They are DINKs, that's why. 그들은 딩크족이
니까, 그래서 그런 거야.

C
D

● **DIY** 채팅 용어

Do It Yourself ['duː ɪt jɔːˈsɛlf]

스스로 해보세요. 직접 만들거나 하는 일.

A: I'm thinking of hiring someone to paint my room. 내 방을 칠하기 위해 사람을 고용하려고 생각 중이야.

B: Why not DIY? It could be fun! 스스로 해보는 건 어때? 재미있을지도 몰라!

○ **DKDC** 채팅 용어

Don't Know, Don't Care [doʊnt noʊ, doʊnt kɛər]

모르겠고, 상관 없어.

A: Do you know why they broke up? 왜 헤어진 줄 알아?

B: DKDC, it's their life. 몰라도 돼, 상관없어. 그들의 일이니까.

DLC 게임 용어

DownLoadable Content [ˌdaʊnˈloʊdəbəl ˈkɒntɛnt]

다운로드 가능한 컨텐츠. 게임용 추가 컨텐츠.

○ **DM** 채팅 용어

Direct Message [dɪˈrɛkt ˈmɛsɪdʒ]

개인 메시지. 비공개 온라인 메시지.

A: I can't find your email. How should I send you the files? 네 이메일을 못 찾겠어. 파일은 어떻게 보내야 해?

B: Just DM them to me on Instagram. 인스타그램으로 내게 직접 메시지로 보내.

★ **DMCA** 정부 기관

Digital Millennium Copyright Act ['dɪdʒɪtəl mɪˈlɛniəm ˈkɒpiraɪt ækt]

디지털 천년 저작권법. 1998년 미국에서 제정된 디지털 저작권에 관한 법률.

DMV 정부 기관

Department of Motor Vehicles [dɪˈpɑːrtmənt əv ˈmoʊtər ˈviːɪkəlz]

자동차 관리 부서.

DMZ 지역 이름

DeMilitarized Zone [diːˈmɪlɪtəraɪzd zoʊn]

비무장 지대. 한반도의 휴전선 위아래 각 2km의 지역.

DND 생활 용어

Do Not Disturb [duː nɒt dɪˈstɜːrb]

방해 금지.

DNS 컴퓨터 용어

Domain Name System [dəˈmeɪn neɪm ˈsɪstəm]

도메인 네임 시스템. 인터넷 주소 시스템.

DOA 회사 용어

Dead On Arrival [dɛd ɒn əˈraɪvəl]

도착 시 사망. 수령했는데 작동하지 않음.

○ **DOB** 채팅 용어

Date Of Birth [deɪt əv bɜːrθ]

출생 날짜. 생년월일을 나타낸다.

A: Can you confirm your DOB for the record? 기록을 위해 생년월일을 확인해 줄래?

B: Sure, it's January 5, 1990. 물론이지, 1990년 1월 5일이야.

● **doc** [dɒk] 컴퓨터 용어

document ['dɒkjumənt] 문서

○ **DOE** [doʊ] 정부 기관

Department Of Energy 에너지부. [dɪˈpɑːrtmənt əv ˈɛnərdʒi]

★ **DOS** [dɒs] 컴퓨터 용어

Disk Operating System [dɪsk ˈɒpəreɪtɪŋ ˈsɪstəm]

디스크 운영 체제.

★ **Dr.** ['dɒktər] 사람 호칭

Doctor 박사, 의사.

DSL 컴퓨터 용어

Digital Subscriber Line
['dɪdʒɪtəl səb'skraɪbər laɪn]
디지털 가입자 회선.

DST 단위

Daylight Saving Time
['deɪlaɪt 'seɪvɪŋ taɪm]
일광 절약 시간.

DUI 정부 기관

Driving Under the Influence
['draɪvɪŋ 'ʌndər ðə 'ɪnfluəns]
음주 운전.

○ DV 컴퓨터 용어

Digital Video ['dɪdʒɪtəl 'vɪdɪoʊ]
디지털 비디오.

● DVD 물건

Digital Versatile Disc
['dɪdʒɪtəl 'vɜːsətaɪl dɪsk]
디지털 다기능 디스크. 저장 매체.

★ e.g. ['iː,dʒiː] 채팅 용어

Exempli Gratia ['ɛksɛmpli 'grɑːtɪɑː]
라틴어로 '예를 들어'를 의미한다.

A: Can you give me some examples, e.g., when
this might be useful? 몇 가지 예를 들어줄 수 있
을까, 예를 들면 이게 언제 유용할지?

B: Sure, like during a power outage or camping
trip. 물론이지, 정전이 일어났을 때나 캠핑 갈 때
처럼 말이야.

EDM 게임 용어

Electronic Dance Music 전자 댄스 음악.
[ɪ,lɛk'trɒnɪk dæns 'mjuːzɪk]

EEOC 정부 기관

Equal Employment Opportunity
Commission ['iːkwəl ɪm'plɔɪmənt
ɒpə't juːnɪti kə'mɪʃən]
평등 고용 기회 위원회.

EEPROM [,iː,iː'prɒm] 컴퓨터 용어

Electrically Erasable Programmable
Read-Only Memory [ɪ,lɛk'trɪkəli
ɪ'reɪsəbəl ,prəʊ'græməbəl riːd 'əʊnli 'mɛməri]
전기적으로 지울 수 있는 프로그램 가능
읽기 전용 메모리.

EFT 경제 용어

Electronic Funds Transfer
[ɪ,lɛk'trɒnɪk fʌndz 'trænsfɜːr]
전자 자금 이체.

EMBM 과학 용어

Early Morning Business Meeting
['ɜːrli 'mɔːrnɪŋ 'bɪznɪs 'miːtɪŋ]
이른 아침 회의.

○ EMI 경제 용어

Equated Monthly Installment
[ɪ'kweɪtɪd 'mʌnθli ɪn'stɔːlmənt]
할부 월 상환액. 정기 결제.

EMT 의학 용어

Emergency Medical Technician
[ɪ'mɜːrdʒənsi 'mɛdɪkəl tɛk'nɪʃən]
응급 의료 기사.

○ EOD 회사 용어

End Of Day [ɛnd əv deɪ]
하루의 일과 끝. 하루의 마감 시간을 알
리기 위해 쓰는 말.

★ ER 의학 용어

Emergency Room [ɪ'mɜːrdʒənsi ruːm]
병원의 응급실.

○ ESL 생활 용어

English As A Second Language
['ɪŋglɪʃ əz ə 'sɛkənd 'læŋgwɪdʒ]
두 번째 언어로서의 영어.

○ ESP 게임 용어

Extra Sensory Perception 육감.
['ɛkstrə 'sɛnsəri pər'sɛpʃən]

D
E

ESPN `회사 이름`

Entertainment and Sports
Programming Network
[ˌɛntə'teɪnmənt ənd spɔːrts 'proʊɡræmɪŋ
'net,wɜːrk]
엔터테인먼트 및 스포츠 프로그래밍 네
트워크.

★ EST `단위`

Eastern Standard Time
['iːstərn 'stændərd taɪm]
동부 표준 시간. 미국 동해안 시간대.

★ Est. ['ɛstɪblɪʃt] `회사 용어`

established [ɪ'stæblɪʃt] 설립된

○ ETA `회사 용어`

Estimated Time of Arrival
['ɛstɪmeɪtɪd taɪm əv ə'raɪvəl]
도착 예상 시간.

★ etc. ['ɛt,sɛtərə] `채팅 용어`

Et Cetera
라틴어로 '등등', '그밖에'를 의미한다. 목
록을 나열할 때 여러 가지 항목을 생략하
기 위해 사용한다.
A: I need to buy milk, bread, eggs, etc. 우유, 빵,
   달걀 등을 사야 해.
B: Don't forget the butter! 버터도 잊지 마!

★ EU `국제 기관`

European Union [ˌjʊərə'piːən 'juːnjən]
유럽 정치/경제 연합.

● exam [ɪɡ'zæm] `생활 용어`

examination [ɪɡ,zæmɪ'neɪʃən] 시험

EULA ['juːlə] `회사 용어`

End User License Agreement
[ɛnd 'juːzər 'laɪsəns ə'griːmənt]
최종 사용자 라이센스 계약.

★ FAQ [fæk] `채팅 용어`

Frequently Asked Questions
['friːkwəntli 'ɑːskt 'kwɛstʃənz]
자주 묻는 질문. 웹사이트와 사용자 매뉴
얼에서 자주 볼 수 있다.
A: I'm confused about how to use this app. 이
   앱을 어떻게 사용하는지 헷갈려.
B: Have you checked the FAQ section? FAQ 섹
   션을 확인해 봤어?

○ fave [feɪv] `생활 용어`

favorite ['feɪvərɪt] 좋아하는 것

● fax [fæks] `물건`

facsimile [fæk'sɪmɪli] 팩스

FBI `정부 기관`

Federal Bureau of Investigation
['fɛdərəl 'bjʊrəʊ əv ,ɪnvɛstɪ'ɡeɪʃən]
연방 수사국. 미국 연방 조사 서비스.

FCC `정부 기관`

Federal Communications
Commission 연방 통신 위원회.
['fɛdərəl kə,mjuːnɪ'keɪʃənz kə'mɪʃən]

○ FDA `정부 기관`

Food and Drug Administration
[fuːd ənd drʌg ,ædmɪ'nɪstreɪʃən]
식품 및 약물 관리국. 미국의 식품/약품
안전 기관.

★ Feb `생활 용어`

February ['fɛbru,eri] 2월

○ FF `성적인 용어`

Follow Friday ['fɑːloʊ 'fraɪdeɪ]
금요일 팔로우.

FHA `정부 기관`

Federal Housing Administration
['fɛdərəl 'haʊzɪŋ ,ædmɪ'nɪstreɪʃən]
연방 주택 관리청.

○ FIFA ['fiːfə] `국제 기관`

Federation Internationale de Football Association
[feɪ,deɪʃən ,ɪntə'næʃənəl də 'futbɔːl ə,səʊsi'eɪʃən]
국제 축구 연맹. 1904년에 설립된 축구의 관리 기구.

FIFO ['faɪfoʊ] 경제 용어
First In, First Out [fɜːrst ɪn, fɜːrst aʊt]
먼저 들어온 것 먼저 나감.

FLOTUS ['floʊtəs] 사람 호칭
First Lady Of The United States
[fɜːrst 'leɪdi əv ðə juː'naɪtɪd steɪts]
미국의 여성 대통령.

● FM 과학 용어
Frequency Modulation
['friːkwənsi ,mɒdjʊ'leɪʃən]
주파수 변조. 라디오에서 정보를 전송하게 위해 사용되는 방법이다.

FOMC 정부 기관
Federal Open Market Committee
['fɛdərəl 'oʊpən 'mɑːrkɪt kə'mɪti]
연방 개방 시장 위원회.

○ FOMO ['foʊmoʊ] 채팅 용어
Fear Of Missing Out [fɪr əv 'mɪsɪŋ aʊt]
뭔가를 놓치는 데 대한 두려움. 소셜 미디어에서 다른 사람의 자랑거리를 봤을 때 스스로도 그 경험을 해야할 것 같은 압박을 느끼거나, 할인 행사를 보고 필요 없는데도 사야할 것 같은 압박을 느낄 때 쓴다.
A: Why did you buy tickets for every concert? 왜 모든 콘서트 티켓을 샀어?
B: I just have FOMO, okay? 그냥 놓칠까봐 두려워서 그래, 알았어?

○ FPS 게임 용어
First Person Shooter
[fɜːrst 'pɜːrsən 'ʃuːtər]

1인칭 시점으로 총을 쏘는 컴퓨터 게임.

○ Fri 생활 용어
Friday ['fraɪdeɪ] 금요일

○ fridge [frɪdʒ] 물건
refrigerator [rɪ'frɪdʒə,reɪtər] 냉장고

FSBO 생활 용어
For Sale By Owner [fɔr seɪl baɪ 'oʊnər]
주인이 직접 판매.

● ft. [fiːt] 단위
feet or foot [fiːt or fʊt] 피트

FTA ① 생활 용어
Failure To Appear ['feɪljər tə ə'pɪər]
출석 실패.

FTA ② 정부 기관
Federal Transit Administration
['fɛdərəl 'trænzɪt ,ædmɪ'nɪstreɪʃən]
미국 연방 대중 교통 행정부.

FTP 컴퓨터 용어
File Transfer Protocol
[faɪl 'trænsfɜːr prə'toʊkəl]
파일 전송 프로토콜. 파일 공유 프로토콜.

○ FWIW 채팅 용어
For What It's Worth [fɔr wɒt ɪts wɜːrθ]
가치가 있다면.
A: I think I bombed the interview. 인터뷰 망친 것 같아.
B: FWIW, I thought you did great. 그게 뭐라도 도움이 된다면, 나는 네가 잘 했다고 생각해.

○ FYA 채팅 용어
For Your Action [fɔr jɔːr 'ækʃən]
당신의 행동을 위한(필요로 하는) 것.
A: What's this email about? 이 이메일은 뭔가요?
B: FYA, we need your input before proceeding. 너의 의견이 필요해. 진행하기 전에 봐줘.

○ FYB 채팅 용어

For Your Benefit [fɔr jɔːr 'benəfɪt]

당신을 위한 것.

A: Why did you organize this workshop? 왜 이 워크샵을 준비한 거야?

B: It's FYB, to help you improve your skills. 네 게 도움이 되기 위해서야, 네 기술을 향상시키게 도 와줄 거야.

● FYI 채팅 용어

For Your Information 참고로.

[fɔr jɔːr ,ɪnfərˈmeɪʃən]

A: I'm heading to the library. 노서관 가려고 해.

B: FYI, it closes at 8 PM today. 알아둬, 오늘은 오 후 8시에 문 닫아.

○ FYR 채팅 용어

For Your Reference [fɔr jɔːr ˈrefərəns]

참고용.

A: How do I fix this error? 이 에러 어떻게 해결해?

B: I'll email you a guide FYR. 너한테 가이드를 이 메일로 보낼게. 참고로 쓰렴.

GAAP [gæp] 경제 용어

Generally Accepted Accounting Principles

[ˈdʒɛnərəli əkˈsɛptɪd əˈkaʊntɪŋ ˈprɪnsəpəlz]

일반적으로 수용되는 회계 원칙.

○ gal. [gæl] 단위

gallon [ˈgælən] 갤런

★ gas [gæs] 물건

gasoline [ˈgæsəˌliːn] 휘발유

● GB 단위 컴퓨터 용어

GigaByte [ˈgɪgəbaɪt]

기가바이트. 컴퓨터 데이터 저장 용량의 단위.

○ GBU 채팅 용어

God Bless You [gɒd bles juː]

신이 당신을 축복하길.

A: I'm really nervous about my exam

tomorrow. 내일 시험 때문에 정말로 긴장돼.

B: GBU, you will do great. 신의 축복이 함께하길, 잘 할 거야.

○ GDP 경제 용어

Gross Domestic Product 국내 총생산.

[grəʊs dəˈmestɪk ˈprɒdʌkt]

● GDPR 정부 기관

General Data Protection Regulation

[ˈdʒenərəl ˈdeɪtə prəˈtekʃən ˌregjʊˈleɪʃən]

일반 데이터 보호 규정. 2018년 5월 25 일부터 적용된 유럽 연합의 규정으로, 개 인의 데이터 보호와 개인 정보의 사유도 운 이동을 위한 것이다.

○ GF 채팅

GirlFriend [ˈgɜːrl,frend] 여자친구.

GHz 단위

GigaHertz [ˈgɪgəhɜːrts]

기가헤르츠. 주파수 측정 단위.

● GL 채팅 용어

Good Luck [gʊd lʌk]

행운을 빌어.

A: I have a job interview tomorrow. 내일 면접이 있어.

B: GL! You'll do great. 행운을 빕니다! 잘할거야.

○ GMT 단위

Greenwich Mean Time

[ˈgrenɪtʃ miːn taɪm]

그리니치 평균 시간. 1984년에 머리디안 회의에서 도입한 국제 시간의 기준.

GOP 정부 기관

Grand Old Party [grænd oʊld ˈpɑːrti]

그랜드 올드 파티. 미국의 공화당을 가리킴.

★ gov [gʌv] 정부 기관

government [ˈgʌvərnmənt] 정부

● GPS 물건

Global Positioning System
['gloʊbəl pə'zɪʃənɪŋ 'sɪstəm]
위성을 기반으로 한 세계적인 위치 및 시간 정보를 제공하는 시스템.

○ **GR8** [greɪt] 채팅 용어
GReat
좋아. GR과 eight의 발음을 합친 표현.
A: I passed my exams! 시험에 합격했어!
B: GR8! Congrats! 대단해! 축하해!

GTR 물건
GeTting Ready ['gɛtɪŋ 'rɛdi] 준비 중.

GUI ['gu:i] 컴퓨터 용어
Graphical User Interface
['græfɪkəl 'ju:zər 'ɪntər,feɪs]
그래픽 사용자 인터페이스.

● **gym** [dʒɪm] 생활 용어
gymnasium [dʒɪm'neɪziəm] 체육관

H2O [,eɪtʃ'tu:'oʊ] 과학 용어
Hydrogen(수소) 2개와 Oxygen(산소) 1개. 물.

○ **HBO** 회사 이름
Home Box Office [hoʊm bɒks 'ɔ:fɪs]
홈 박스 오피스. 텔레비전 네트워크.

HDMI 물건
High Definition Multimedia Interface
[haɪ ,dɛfɪ'nɪʃən ,mʌlti'mi:diə 'ɪntər,feɪs]
고화질 멀티미디어 인터페이스. 오디오와 비디오의 데이터 전송 방식.

○ **HIV** 질병
Human Immunodeficiency Virus
['hju:mən ,ɪmjʊnoʊdɪ'fɪʃənsi 'vaɪrəs]
인간 면역 결핍 바이러스. 에이즈를 유발하는 바이러스.

hols [hoʊlz] 생활 용어

holidays ['hɒlɪ,deɪz] 휴일

● **HP** 회사 이름
Hewlett-Packard ['hju:lɪt 'pækərd]
데이브 휴렛과 빌 패커드에 의해 1939년에 설립된 전자제품 및 컴퓨터 관련 물품 회사.

○ **HQ** 회사 용어
HeadQuarters ['hɛdkwɔ:rtərz] 본부.

● **HR** 회사 용어
Human Resources ['hju:mən rɪ'sɔ:rsɪz]
인사과. 기업 내에서 인력 관리, 채용, 훈련 등의 업무를 담당하는 부서.

● **hr.** [aʊər] 단위
hour [aʊər] 시간

○ **HTH** 채팅 용어
Hope This Helps [hoʊp ðɪs hɛlps]
도움이 되길 바라.
A: I'm having trouble with this assignment. 이 과제가 어려워.
B: I sent you some notes, HTH. 너한테 노트 몇 개 보냈어. 도움이 되길 바라.

★ **HTML** 컴퓨터 용어
HyperText Markup Language
['haɪpər,tɛkst 'mɑ:rkʌp 'læŋgwɪdʒ]
초본문 표식 언어. 홈페이지를 만들 때 쓰는 언어.

★ **i.e.** 채팅 용어
Id Est [ɪd ɛst]
라틴어로 '즉, 다시 말해서'를 의미한다.
A: I prefer to work remotely, i.e., from home. 나는 원격으로 일하는 걸 선호해, 즉, 집에서 일하는 걸 말이야.
B: Me too, it's much more comfortable. 나도 그래, 훨씬 편해.

I/O [,aɪ'oʊ] 컴퓨터 용어
Input/Output ['ɪnpʊt/'aʊtpʊt] 입력/출력.

F
G
H
I

IBAN [ˌaɪˈbæn] 경제 용어

International Bank Account Number
[ˌɪntəˈnæʃənəl bæŋk əˈkaʊnt ˈnʌmbər]
국제 은행 계좌 번호.

○ **IBM** 회사 이름

International Business Machines
[ˌɪntəˈnæʃənəl ˈbɪznɪs məˈʃiːnz]
국제 비즈니스 기계.

ICBM 물건

InterContinental Ballistic Missile
[ˌɪntərkɒntɪˈnɛntəl bəˈlɪstɪk ˈmɪsaɪl]
대륙 간 탄도 미사일.

ICU 의학 용어

Intensive Care Unit
[ɪnˈtɛnsɪv keər ˈjuːnɪt]
집중적인 돌봄 부서. 중환자실을 뜻한다.

○ **ICYMI** 채팅 용어

In Case You Missed It
[ɪn keɪs jʊ ˈmɪst ɪt]
혹시 놓쳤다면. 정보를 다시 공유한다.

A: Did you know about the game last night? 어
제 저녁 게임 알고 있었어?
B: ICYMI, we won! 네가 못 봤을까 봐, 우리가 이겼어!

○ **IDC** 채팅 용어

I Don't Care [aɪ doʊnt keər]
상관 없어. 무관심함을 나타냄.

A: This place might get a little loud. 여기 좀 시
끄러울 수도 있어.
B: IDC, I love the vibe here. 상관없어, 여기 분위
기 좋아.

○ **IDE ①** 컴퓨터 용어

Integrated Drive Electronics
[ˈɪntɪˌgreɪtɪd draɪv ɪˈlɛktrɒnɪks]
통합 드라이브 전자.

○ **IDE ②** 컴퓨터 용어

Integrated Development Environment
[ˈɪntɪˌgreɪtɪd dɪˈvɛləpmənt ɪnˈvaɪrənmənt]

통합 개발 환경.

IDF 국제 기관

Israeli Defense Forces 이스라엘 방위군.
[ˌɪzreɪˈli dɪˈfɛns ˈfɔːrsɪz]

○ **IDK** 채팅 용어

I Don't Know [aɪ doʊnt noʊ] 모르겠어.

A: What time does the movie start? 영화 몇 시
에 시작해?
B: IDK, let me check. 몰라, 확인해볼게.

○ **IEEE** [ˌaɪˌtrɪplˈiː] 사설 기관

Institute of Electrical and Electronics
Engineers [ˈɪnstɪtjuːt əv ɪˈlɛktrɪkəl ənd
ɪˈlɛk.trɒnɪks ˈɛndʒɪnɪəz]
미국의 전기 및 전자 공학자 협회.

IETF 국제 기관

Internet Engineering Task Force
[ˈɪntənet ˌɛndʒɪˈnɪrɪŋ tæsk fɔːrs]
인터넷 엔지니어링 작업 팀. 인터넷 표준
을 개발하는 조직.

○ **ILY** 채팅 용어

I Love You [aɪ lʌv juː] 사랑해.

A: I had a great time tonight. 오늘 밤 정말 즐거웠어.
B: Me too, ILY. 나도, 사랑해.

IMF 국제 기관

International Monetary Fund
[ˌɪntəˈnæʃənəl ˈmʌnɪtɛri fʌnd]
국제 통화 기금. 금융 조직.

○ **IMHO** [aɪmæks] 채팅 용어

In My Humble Opinion
(or In My Honest Opinion)
[ɪn maɪ ˈhʌmbəl əˈpɪnjən]
/ [ɪn maɪ ɑːnɪst əˈpɪnjən]
겸손하게 말해서 (또는 솔직하게 말해서).

A: Should we go for the marketing strategy
we discussed? 우리가 논의한 마케팅 전략을 채
택해야 할까?
B: IMHO, it's the best option we have. 내 겸손
한 의견으로는, 그게 우리가 가진 최선의 선택이야.

○ **IMNSHO** 채팅 용어

In My Not So Humble Opinion
[ɪn maɪ nɒt soʊ 'hʌmbəl ə'pɪnjən]
내게 그다지 겸손하지 않은 의견으로.

A: Is this design good? 이 디자인 괜찮아?
B: IMNSHO, you could use more vibrant colors. 솔직히 말해서, 좀 더 선명한 색상을 사용하는 게 좋겠어.

○ **IMO** 채팅 용어

In My Opinion [ɪn maɪ ə'pɪnjən]
내 생각에는. 개인적인 의견 표현.

A: Is this dress too formal? 이 드레스 너무 공식적이지 않아?
B: IMO, it's perfect. 내 생각엔, 딱 좋아.

★ **Inc.** [,ɪn'si:] 회사 용어

incorporated [ɪn'kɔːrpə,reɪtɪd] 주식회사.

★ **info** ['ɪnfoʊ] 회사 용어

information [,ɪnfər'meɪʃən] 정보

○ **intro** ['ɪntroʊ] 회사 용어

introduction [,ɪntrə'dʌkʃən] 서론, 소개

○ **IOU** 채팅 용어

I Owe You [aɪ oʊ juː] 내가 너에게 빚진다.

A: Thanks for covering my shift yesterday. 어제 나 대신 근무해줘서 고마워.
B: No worries. IOU one. 괜찮아. 나도 너한테 빚진 거 하나 있어.

IPO 경제 용어

Initial Public Offering
[ɪ'nɪʃəl 'pʌblɪk 'ɒfərɪŋ]
초기 공개 주식 발행.

○ **IQ** 과학 용어

Intelligence Quotient
[ɪn'tɛlɪdʒəns 'kwoʊʃənt]
지능 지수. 지능을 측정하는 값.

○ **IRL** 채팅 용어

In Real Life [ɪn riːəl laɪf] 실제 생활에서.

A: You're so different on social media. 소셜 미디어에서 너무 달라 보여.
B: Well, IRL, I'm a lot quieter. 음, 실제로는 나 훨씬 더 조용해.

IRS 정부 기관

Internal Revenue Service
[ɪn'tɜːrnəl 'revənjuː 'sɜːrvɪs]
내부 수입 서비스. 미국 세금 징수 기관.

ISDN 컴퓨터 용어

Integrated Services Digital Network
['ɪntɪ,greɪtɪd 'sɜːrvɪsɪz 'dɪdʒɪtəl 'net,wɜːrk]
통합 서비스 디지털 네트워크.

○ **ISP** 컴퓨터 용어

Internet Service Provider
['ɪntənet 'sɜːrvɪs prə'vaɪdər]
인터넷 서비스 제공자. 웹 연결 서비스 제공 회사.

★ **IT** 컴퓨터 용어

Information Technology
[,ɪnfər'meɪʃən tek'nɒlədʒi]
정보 기술. 20세기에 컴퓨터와 디지털 시스템이 사회와 비즈니스에서 보편화됨에 따라 나타났다.

★ **IV** 의학 용어

IntraVenous [,ɪntrə'viːnəs] 정맥 주사.

★ **Jan** 생활 용어

January ['dʒænju,eri] 1월

○ **JK** 채팅 용어

Just Kidding [dʒʌst 'kɪdɪŋ]
농담이야. 진지하지 않을 때 쓰는 표현.

A: You really scared me yesterday. 어제 나를 정말 놀래켰어.
B: JK! Didn't mean to. 농담이었어! 그럴 의도는 아니었어.

○ **JMO** 채팅 용어

Just My Opinion [dʒʌst maɪ ə'pɪnjən]
단지 내 생각에는.

A: Do you think this dress looks good on me?
이 드레스 내게 잘 어울려?

B: JMO, but I think the blue one suits you better. 그저 내 생각인데, 파란색이 더 어울릴 것 같아.

● **Jr.** ['dʒuːnɪər] 사람 호칭

Junior 주니어, 아들

○ **JPEG** ['ʤeɪpeg] 컴퓨터 용어

Joint Photographic Experts Group
[dʒɔɪnt fə'tɒɡræfɪk 'ekspɜːrts gruːp]
사진 전문가 그룹. 이미지 파일 형식.
(=JPG).

JSON ['ʤeɪsən] 컴퓨터 용어

JavaScript Object Notation
['dʒɑːvə,skrɪpt 'ɒbdʒɪkt noʊ'teɪʃən]
자바스크립트 객체 표기법.

★ **Jul** 생활 용어

July [dʒʌ'laɪ] 7월

★ **Jun** 생활 용어

June [dʒuːn] 6월

○ **K** 채팅 용어

oKay [oʊ'keɪ] 괜찮아.

A: I'll meet you at the cafe at noon. 낮 12시에 카페에서 만나.

B: K. 알겠어.

★ **kg** ['kɪləɡræm] 단위

kilogram 킬로그램. 무게 측정 단위.

○ **kilo** ['kiːloʊ] 단위

kilogram ['kɪlə,ɡræm] 킬로그램

○ **km/h** ['kɪlə,miːtər pər 'aʊr] 단위

KiloMeters per Hour
시간당 킬로미터. 속도 측정 단위.

KPI 회사 용어

Key Performance Indicator
[kiː pər'fɔːrməns 'ɪndɪ,keɪtər]

핵심 성과 지표.

○ **kW** ['kɪloʊwɒt] 단위

KiloWatt 킬로와트. 전력 측정 단위.

○ **L8R** ['leɪtər] 채팅 용어

LateR 나중에. 8의 발음에서 따온 표현.

A: When will you be able to call me? 언제 나한테 전화할 수 있어?

B: L8R, I'm in a meeting now. 나중에, 지금 회의 중이야.

○ **LAN** ['læn] 컴퓨터 용어

Local Area Network
['loʊkəl 'eriə 'net,wɜːrk]
로컬 에어리어 네트워크. 가정이나 기업 내에서 연결하는 지역화된 인터넷.

● **lab** [læb] 과학 용어

laboratory [lə'bɒrətəri] 실험실

○ **lbs / lb.** ['paʊndz] 단위

pounds [paʊndz] 파운드. 무게 측정 단위.

LCD 컴퓨터 용어

Liquid Crystal Display
['lɪkwɪd 'krɪstəl dɪs'pleɪ]
액정 디스플레이. 화면 종류.

★ **LED** 물건

Light Emitting Diode
[laɪt ɪ'mɪtɪŋ 'daɪoʊd]
발광 다이오드. 빛을 발생시키는 반도체 소자.

LGBTQ 성적인 용어

Lesbian, Gay, Bisexual, Transgender, Queer ['lezbiən, geɪ, baɪ'seksjuəl, 'trænz'dʒendər, kwɪr]
레즈비언, 게이, 양성애자, 트랜스젠더, 동성애자.

LGBTQIA 성적인 용어

Lesbian, Gay, Bisexual, Transgender,

Queer, Intersex, and Asexual
['lɛzbiən, geɪ, baɪ'sɛksjuəl, 'trænz'dʒɛndər, kwɪər, ,ɪntə'sɛks, ənd 'eɪsɛksjuəl]
레즈비언, 게이, 양성애자, 트랜스젠더, 퀴어, 섞여진 성, 무성애.

● **LI** 회사 이름
LinkedIn ['lɪŋkt'ɪn]
링크드인. 전문가 네트워크 플랫폼 회사.

○ **lit.** [lɪt] 생활 용어
literally ['lɪtərəli] 말 그대로

★ **LLC** 회사 용어
Limited Liability Company
['lɪmɪtɪd 'laɪə,bɪlɪti 'kʌmpəni]
주주의 책임이 제한된 유한 책임 회사.

○ **LMAO** 채팅 용어
Laughing My Ass Off ['læfɪŋ maɪ æs ɒf]
엉덩이를 웃음으로 때려.
A: And then he walked into a wall. 그리고 그는 벽에 부딪혔어.
B: LMAO! That must have been funny to see. 정 말 웃겼겠다! 그걸 보는 건 웃긴 경험이었을 텐데.

○ **LMK** 채팅 용어
Let Me Know [lɛt mi noʊ]
알려줘. 피드백이나 정보를 요청한다.
A: I might be free this weekend. 이번 주말에 시 간 있을 것 같아.
B: Cool, LMK what you decide. 좋아, 결정하면 알 려줘.

○ **LOL** 채팅 용어
Laugh Out Loud [læf aʊt laʊd]
크게 웃음. 웃긴 것에 대한 반응. 양팔을 든 사람의 모양(lol).
A: I just saw a cat chasing its own tail. 고양이가 자기 꼬리를 쫓는 걸 봤어.
B: LOL, that must have been funny to watch! ㅋㅋ, 보는 것도 재밌었겠다!

★ **LTD** 회사 용어
LimiTeD ['lɪmɪtɪd] 한정됨.

기업의 이름 뒤에 쓰면 주주의 책임이 제 한된 법인을 의미한다.

● **M&A** 경제 용어
Mergers and Acquisitions
['mɜːrdʒərz ənd ˌæk·kwɪ'zɪʃənz]
합병 및 인수.

★ **MAC ①** ['mæk] 물건
Macintosh ['mækɪn,tɒʃ]
맥킨토시. 애플에서 만든 컴퓨터 이름.

MAC ② ['mæk] 컴퓨터 용어
Media Access Control
['miːdiə 'ækses kən'troʊl]
미디어 접근 제어.

● **mag** [mæg] 물건
magazine [ˌmægə'ziːn] 잡지

★ **Mar** 생활 용어
March [mɑrtʃ] 3월

● **math** [mæθ] 생활 용어
mathematics [ˌmæθə'mætɪks] 수학

★ **max** [mæks] 생활 용어
maximum ['mæksɪməm] 최대

★ **May** [meɪ] 생활 용어
May [meɪ] 5월

● **MB** 단위
MegaByte ['mɛgəbaɪt]
메가바이트. 컴퓨터 저장 용량의 단위.

○ **MBA** 경제 용어
Master of Business Administration
['mæstər əv 'bɪznɪs ədmɪnɪ'streɪʃən]
경영학 석사. 비즈니스 학위.

★ **med** [mɛd] 의학 용어
medicine ['mɛdɪsɪn] 약

J
K
L
M

O **memo** [ˈmɛmoʊ] 생활 용어
memorandum [məˈmɔrəndəm] 메모

O **Mfg.** [ˌɛm ef ˈdʒiː] 회사 용어
Manufacturing [ˌmænjuˈfæktʃərɪŋ] 제조

MHz [ˈmɛgəˌhɜrts] 단위
MegaHertZ 메가헤르츠. 주파수 측정 단위.

O **MIA** 채팅 용어
Missing In Action [ˈmɪsɪŋ ɪn ˈækʃən] 실종.
A: Have you seen John recently? 최근에 존 봤어?
B: No, he's been MIA for days. 아니, 몇 일 동안 연락이 없어.

O **MIDI** [ˈmɪdi] 컴퓨터 용어
Musical Instrument Digital Interface
[ˈmjuzɪkəl ˈɪnstrəmənt ˈdɪdʒɪtl ˈɪntərˌfeɪs]
음악 기기 디지털 인터페이스. 전자악기 사이에 주고 받는 신호 체계.

● **MIL** [mɪl] 사람 호칭
Mother-In-Law [ˈmʌðər ɪn lɔː] 시어머니.

★ **min** [mɪn] 단위
minute [ˈmɪnɪt] 분

O **MLS** 사설 기관
Major League Soccer
[ˈmeɪdʒər liːg ˈsɒkər]
메이저 리그 축구.

O **misc.** [ˈmɪs] 회사 용어
miscellaneous [ˌmɪsəˈleɪniəs]
기타의, 잡다한

★ **MM ①** 단위
Millimeter [ˈmɪlɪˌmiːtər]
밀리미터. 길이의 단위.

★ **MM ②** 게임 용어
Multimedia [ˌmʌltiˈmiːdiə] 멀티미디어

MMO 게임 용어

Massively Multiplayer Online
[ˈmæsɪvli ˈmʌltɪˌpleɪər ɒnˈlaɪn]
대규모 다중 온라인. 온라인 게임 유형.

MNC 사설 기관
Multi-National Corporation 다국적 기업.
[ˌmʌlti ˈnæʃənəl ˌkɔːr-pəˈreɪʃən]

★ **MoM** [mɒm] 회사 용어
Month over Month [mʌnθ oʊvər mʌnθ]
월대 월. 월간 증감률을 비교할 때 쓰는 말.

● **Mon** [mɒn] 생활 용어
Monday [ˈmʌn.deɪ] 월요일

O **motel** [moʊˈtɛl] 물건
Motor hotel [ˈmoʊtər hoʊˈtɛl] 모텔

● **MP3** [ˌɛmˌpiːˈθriː] 컴퓨터 용어
MPEG-1 Audio Layer-3
[ˈɛmˌpɛg wʌn ˈɔː.dioʊ ˈleɪ.ər θriː]
오디오 파일 형식. 1990년대 초에 독일 의 Fraunhofer Institute에서 개발됐다.

O **mph** 단위
Miles Per Hour [maɪlz pər ˈaʊər]
마일 당 시간. 시간당 이동 거리의 측정.

★ **Mr.** [ˈmɪstər] 사람 호칭
Mister
미스터. 남자를 높여 부를 때 쓰는 호칭.

O **MRI** 의학 용어
Magnetic Resonance Imaging
[mægˈnetɪk ˈrezənəns ˈɪmɪdʒɪŋ]
자기 공명 영상. 의료 영상 기술.

O **Mrs.** [ˈmɪsɪz] 사람 호칭
Mistress [ˈmɪstrɪs]
기혼 여성을 높여 부를 때 쓰는 호칭

★ **Ms.** [ˈmɪz] 사람 호칭
Female [ˈfiːmeɪl]

여성을 높여 부를 때 여성의 결혼 여부와 상관없이 쓰는 호칭.

MS-DOS [ˌemˈɛsˈdɒs] 컴퓨터 용어
MicroSoft Disk Operating System
[ˈmaɪkroʊˌsɒft dɪsk ˈɒpəreɪtɪŋ ˈsɪstəm]
마이크로소프트 디스크 운영 체제.

MSRP 경제 용어
Manufacturer's Suggested Retail Price
[ˌmænjəˈfæktʃərəz səˈdʒɛstɪd ˈriːteɪl praɪs]
제조업체 권장 소매가격.

MTV 회사 이름
Music TeleVision [ˈmjuzɪk ˌtɛlɪˈvɪʒən]
음악과 관련된 미국의 방송 회사.

○ MU 채팅 용어
Miss yoU [mɪs juː] 보고 싶어.
A: I haven't seen you in ages. 한참 못 봤네.
B: MU too. We should catch up soon. 나도 보고
싶어. 곧 만나자.

MVP 회사 용어 게임 용어
Most Valuable Player
[moʊst ˈvæljuəbl ˈpleɪər]
게임이나 회사에서 가장 소중한 사람.

● N/A [ˌenˈeɪ] 생활 용어
Not Applicable, Not Available
[nɒt əˈplɪkəbəl, nɒt əˈveɪləbəl]
해당 사항 없음, 사용할 수 없음. 특정 정
보나 데이터가 적용되지 않거나 사용할
수 없을 때 사용한다.
A: What's the spouse name on this form? 이 양
식에 배우자의 이름은 뭐야?
B: Just put N/A, since you're not married. 결혼
하지 않았으니 N/A를 써.

○ NASA [ˈnæsə] 정부 기관
National Aeronautics and Space
Administration [ˌnæʃənl ˌerəˈnɔːtɪks ənd
speɪs ˌædmɪnɪˈstreɪʃən]
국립 항공우주 행정. 1958년에 설립된

미국 우주 및 항공 연구 기관.

○ NATO [ˈneɪtoʊ] 국제 기관
North Atlantic Treaty Organization
[nɔrθ ətˈlæntɪk ˈtriːti ɔrgəˈneɪʃən]
북대서양 조약 기구. 1949년 12개의 북
대서양 국가들이 창설한 군사 동맹.

○ NBA 사설 기관
National Basketball Association
[ˌnæʃənl ˈbæskɪtbɔːl əˌsoʊsiˈeɪʃən]
국가 농구 협회. 1946년에 설립된 미국
프로 농구 리그.

○ NBC 회사 이름
National Broadcasting Company
[ˌnæʃənl ˈbrɔːdkæstɪŋ ˈkʌmpəni]
미국의 국가 방송 회사.

○ NBD 채팅 용어
No Big Deal [noʊ bɪg diːl]
그리 큰 문제 아님.
A: Sorry I'm late. 미안, 늦었어.
B: NBD, we just started. 별 거 아니야, 우린 막 시
작했어.

NCAA 사설 기관
National Collegiate Athletic
Association
[ˌnæʃənl kəˈliːdʒiət ˈæθˌletɪk əˌsoʊsiˈeɪʃən]
국립 대학 체육 협회.

○ NDA 회사 용어
Non-Disclosure Agreement
[nɒn dɪsˈkloʊʒər əˈgriːmənt]
비밀 유지 협약.

○ NE1 [ˈeniːwʌn] 채팅 용어
anyone 누군가.
A: Is NE1 going to the store? 누가 가게에 가나요?
B: I am. Need something? 나 갈 거야. 뭐 필요해?

NEC 회사 이름
Nippon Electric Company

['nɪpɒn ɪ'lɛktrɪk 'kʌmpəni]
일본 전기 회사.

NES 게임 용어

Nintendo Entertainment System
['nɪntɛndoʊ ,ɛntər'teɪnmənt 'sɪstəm]
닌텐도 엔터테인먼트 시스템.

● NFL 사설 기관

National Football League
[,næʃənl 'fʊtbɔːl liːg]
국가 미식 축구 리그. 1920년에 설립된
미국에서 가장 인기 있는 스포츠 리그.

NGO 국제 기관

Non-Governmental Organization
[nɒn 'gʌvərnməntl ɔːrgə'neɪʃən]
비정부 기구. 비영리 그룹.

○ NIC [nɪk] 컴퓨터 용어

Network Interface Card
['nɛtwɜːrk 'ɪntəfeɪs kɑːrd]
네트워크 인터페이스 카드. 인터넷을 연
결시켜주는 컴퓨터 하드웨어.

★ No. ['nʌmbər] 생활 용어

Number 번호.

● Nov 생활 용어

November [noʊ'vɛmbər] 11월

○ NP 채팅 용어

No Problem [noʊ 'prɒbləm]
문제 없어.

A: Sorry I was late today. 오늘 늦어서 죄송해요.
B: NP. It happens. 문제 없어. 그런 일이 종종 있죠.

NSFW 성적인 용어

Not Safe For Work [nɒt seɪf fɔr wɜːrk]
직장에서 보기 부적절. 컨텐츠 경고.

○ NVM 채팅 용어

NeVer Mind ['nɛvər maɪnd] 상관 없어.

A: Where is the remote? 리모컨 어디있어?

B: It's on the couch. 쇼파에 있어.
A: NVM, found it. 괜찮아, 찾았어.

NYPD 정부 기관

New York Police Department
[nuː jɔrk 'poʊlis dɪ'pɑːrtmənt]
뉴욕 경찰서.

○ OATUS 채팅 용어

On A Totally Unrelated Subject
[ɒn ə 'təʊtəli ʌn'reliteɪd 'sʌbdʒɛkt]
완전히 관련 없는 주제로.

A: We need to finish this project by Friday. 금
요일까지 이 프로젝트를 끝내야 해

B: Agreed. OATUS, are you coming to the
party tonight? 맞아. 전혀 관련 없는 얘기지만,
오늘 밤 파티에 올 거야?

● Oct 생활 용어

October [ɒk'toʊbər] 10월

OEM 회사 용어

Original Equipment Manufacturer
[ə'rɪdʒənl ɪ'kwɪpmənt mæn'jufæktʃərər]
원래의 장비 제조업체. 위탁 생산 방식을
일컫는다.

○ OMG 채팅 용어

Oh My God(Gosh/Goodness)
[oʊ maɪ gɒd(gɒʃ/'gʊdnɪs)]
이런 나의 신이시여/어이쿠/신이시여.
놀람을 표현함. 1917년에 장군 로드 피
셔가 처칠에게 처음 사용했으며, 인터넷
이 발달하며 대중화 되었다.

A: I won the lottery! 로또 당첨됐어!
B: OMG, really? That's amazing! 진짜? 대박이네!

○ OMW 채팅 용어

On My Way [ɒn maɪ weɪ] 가는 중인.

A: Where are you? The movie is about to start!
어디야? 영화가 곧 시작할 거야!

B: OMW, I'll be there in 10 minutes. 가는 중이야,
10분 안에 도착할게.

OOO 회사 용어
Out Of Office [aʊt əv 'ɒfɪs]
사무실 밖에서.

★ OS 컴퓨터 용어
Operating System ['ɒpəreɪtɪŋ 'sɪstəm]
운영 체제. 컴퓨터와 소프트웨어를 운영
하기 위한 프로그램.

○ OT 회사 용어
OverTime ['oʊvər,taɪm]
초과근무. 추가 근무 시간.

OTC 생활 용어
Over The Counter [oʊvər ðə 'kaʊntər]
일반 판매. 병원 처방 없이 구입할 수 있
는 약.

○ OTP ① 컴퓨터 용어
One Time Password
[wʌn taɪm 'pæswɜːrd]
한 번의 비밀번호. 보안을 위해 한 번 쓰
면 이후에는 바뀌는 비밀번호.

OTP ② 채팅 용어
One True Pairing [wʌn truː 'peɪrɪŋ]
최고의 진정한 커플. 가상 이야기에서 좋
아하는 관계.
A: Do you think Jane and Mike make a great
couple? 제인이랑 마이크 커플 어때 보여?
B: They are my OTP, honestly. 솔직히, 내 OTP야

○ OTT 회사 용어
Over The Top [oʊvər ðə tɒp]
셋톱박스를 넘어. 인터넷을 통해 사용자
가 원할 때 영상을 보여주는 VOD 서비
스. 과거에는 셋톱박스를 통해 영상을 서
비스 했기 때문에 여기에서 Top은 셋톱
박스를 의미한다.

○ OTW 채팅 용어
On The Way [ɒn ðə weɪ] 가는 중.
A: Are you coming to the party? 파티 오는 거야?
B: Yep, OTW now. 응, 지금 가는 중이야.

★ P.O. 생활 용어
Post Office [poʊst 'ɒfɪs] 우체국

● PA 사람 호칭
Personal Assistant ['pɜːrsənəl ə'sɪstənt]
개인 비서.

★ PC 컴퓨터 용어
Personal Computer
['pɜːrsənəl kəm'pjuːtər]
개인용 컴퓨터.

○ PD ① 회사 용어
Professional Development
[prə'feʃənl dɪ'vɛləpmənt]
전문 개발. 직업 능력을 향상시키기 위한
교육 활동

PD ② 사람 호칭
Program Director ['proʊgræm dɪ'rɛktər]
프로듀서. 영상 제작 감독.

PD ③ 사람 호칭
Police Department [pə'liːs dɪ'pɑːrtmənt]
경찰.

pd. [piː diː] 회사 용어
paid [peɪd] 지불된

★ PDF 컴퓨터 용어
Portable Document Format
['pɔːrtəbəl 'dɒkjʊmənt 'fɔːrmæt]
휴대 가능한 문서 형식. 어도비 시스템즈
에서 1990년대에 개발한 문서 파일 형식.

○ PG 성적인 용어
Parental Guidance [pə'rɛntəl 'gaɪdəns]
보호자 지도. 영상 컨텐츠의 등급.

N
O
P

★ **phone** [foʊn] 물건
telephone ['tɛlɪ,foʊn] 전화기

★ **photo** ['foʊtoʊ] 물건
photograph ['foʊtə,græf] 사진

★ **PIN** [pɪn] 회사 용어
Personal Identification Number
['pɜːrsənəl ,aɪdən'tɪfɪ'keɪʃən 'nʌmbər]
개인 식별 번호.

○ **Pkwy.** ['pɑːrkweɪ] 생활 용어
ParKWaY ['pɑːrkweɪ] 공원 길

★ **PL** [pi: 'el] 시설 기관
Premier League ['prɪmjər 'liːg] 프리미어
리그, 영국의 프로 축구 최상위 리그.

★ **Pl.** [pleɪs] 생활 용어
place [pleɪs] 장소.

○ **PLZ** ['pliːz] 채팅 용어
PLeaSe 제발.
A: Can you pick me up at 7? 7시에 나 좀 데리러
와 줄래?
B: Sure, PLZ be ready. 물론이지, 꼭 준비해 있어.

★ **PM** ① 과학 용어
Post Meridiem [poʊst 'mɛrɪdiəm]
'오후'를 뜻하는 라틴어.

○ **PM** ② 회사 용어
Private Message ['praɪvɪt 'mɛsɪdʒ]
개인 메시지.

○ **PM** ③ 사람 호칭
Prime Minister [praɪm 'mɪnɪstər] 장관.

● **PNG** 컴퓨터 용어
Portable Network Graphics
['pɔːrtəbəl 'nɛtwɜːrk 'græfɪks]
휴대용 네트워크 그래픽스. 무손실 압축
을 지원하는 이미지 형식.

POA 회사 용어
Power Of Attorney ['paʊər əv ə'tɜːrni]
대리권.

★ **pop** [pɒp] 회사 용어
popular ['pɒpjʊlər] 인기 있는

○ **POS** 컴퓨터 용어 / 경제 용어
Point Of Sale [pɔɪnt əv seɪl]
판매 시점. 포스 시스템을 통해 이뤄지는
판매, 재고 관리, 고객 관리 등 다양한 기
능을 일컫는다.

POTUS ['poʊtəs] 사람 호칭
President Of The United States
['prɛzɪdənt əv ðə juː'naɪtɪd 'steɪts]
미국 대통령.

● **POV** 회사 용어
Point Of View [pɔɪnt əv vjuː] 관점.

● **PP** 채팅 용어
Per Person [pər 'pɜːrsən] 1인당.
A: How much is the group tour? 그룹 투어는 얼
마야?
B: It's $50 PP. 사람당 50달러야.

○ **PPE** 의학 용어
Personal Protective Equipment
['pɜːrsənəl prə'tɛktɪv ɪ'kwɪpmənt]
개인 보호 장비. 위험으로부터 보호하기
위한 장비나 보호 수단.

PPO 의학 용어
Preferred Provider Organization
[prɪ'fɜːrd prə'vaɪdər ɔːrgənə'zeɪʃən]
선호 제공자 조직. 일종의 건강 보험으로
PPO에 계약된 병원을 선택하면 할인 받
는다.

● **PR** 회사 용어
Public Relations ['pʌblɪk rɪ'leɪʃənz] 홍보.

★ **pro** [proʊ] 사람 호칭

professional [prəˈfɛʃənəl] 전문가.

○ **prof** [prɒf] 사람 호칭

professor [prəˈfɛsər] 교수.

● **P.S.** 채팅 용어

PostScript [ˈpoʊstˌskrɪpt]
추신, 후기. 편지에서 추가적인 정보나 메시지를 첨부할 때 사용된다.

> A: I sent you a letter. Make sure to read the PS. 편지를 보냈어. PS 부분을 꼭 읽어봐.
> B: I will, thanks! 읽을게, 고마워!

PST 단위

Pacific Standard Time
[pəˈsɪfɪk ˈstændərd taɪm]
태평양 표준 시간. 미국 서해안 시간대.

★ **PT** [pi ˈtiː] 생활 용어

Personal Trainer [ˈpɜːrsənəl ˈtreɪnər]
개인 피트니스 트레이너.

★ **pt.** [pɔɪnt] 회사 용어

point [pɔɪnt] 점, 포인트 (서체 크기의 단위)

PTA 사설 기관

Parent Teacher Association
[ˈpɛrənt ˈtiːtʃər əˌsoʊsiˈeɪʃən]
미국의 학부모 교사 협회.

○ **PTO** 회사 용어

Paid Time Off [peɪd taɪm ɒf] 유급 휴가.

PTSD 질병

Post-Traumatic Stress Disorder
[poʊst trəˈmætɪk strɛs dɪsˈɔːrdər]
나중의 트라우마 스트레스 장애.

● **Q&A** [ˌkjuːˈændˈeɪ] 채팅 용어

Questions and Answers 질의응답.
[ˈkwɛstʃənz ənd ˈɑːnsərz]

> A: I'm confused about the new policy. 새로운 정책이 헷갈려.

> B: They're having a Q&A session tomorrow. You should attend. 내일 Q&A 세션이 있어. 참석해봐.

○ **QA** 회사 용어

Quality Assurance [ˈkwɒlɪti əˈʃʊrəns]
품질 보증. 제품과 서비스 품질 보증.

○ **QC** 회사 용어

Quality Control [ˈkwɒlɪti kənˈtroʊl]
품질 관리. 제품 품질 검사.

○ **QOTD** 채팅 용어

Quote Of The Day [kwoʊt əv ðə deɪ]
오늘의 명언.

> A: I need some inspiration. 영감이 필요해.
> B: Here's a QOTD: "Be yourself; everyone else is already taken." – Oscar Wilde. 오늘의 명언을 들어봐: "자신을 찾아라; 다른 모든 사람은 이미 다 차지되어 있다." – 오스카 와일드.

○ **QR code** [ˌkjuːˈɑːr koʊd] 컴퓨터 용어

Quick Response code 빠른 응답 코드.
[kwɪk rɪˈspɒns koʊd]

○ **R&D** [ˌɑːrˈændˈdiː] 회사 용어

Research and Development
[rɪˈsɜːrtʃ ənd dɪˈvɛləpmənt]
연구 및 개발. 혁신 부서.

○ **R&R** [ˌɑːrˈændˈɑːr] 채팅 용어

Rest & Relaxation
[rɛst ənd ˌriːlækˈseɪʃən]
휴식 및 편안하게 하는 활동.

> A: You look really tired these days. 요즘 정말 피곤해 보여.
> B: Yeah, I definitely need some R&R. 응, 확실히 휴식이 필요해.

★ **radio** [ˈreɪdioʊ] 물건

radiotelegraphy [ˌreɪdioʊˈtɛlɪɡrəfi] 라디오

RBI 게임 용어

Runs Batted In [rʌnz ˈbætɪd ɪn]
타점. 야구에서 타자가 득점에 기여한 횟

P
Q
R

수를 표현함.

Rd. [roʊd] 생활 용어

RoaD [roʊd] 도로

★ RE 채팅 용어

REgarding [rɪˈɡɑːrdɪŋ]
관련하여. 응답이나 참조로. 이메일의 답
장에서 특히 많이 사용된다.

A: RE the meeting, is it still on for 3 PM? 회의
관련해서, 여전히 오후 3시로 진행되나요?
B: Yes, it is. 네, 그렇습니다.

○ rec [ˌrekrɪˈeɪʃən] 회사 용어

recreation 여가 활동, 휴식

● ref. [ˌrefəˈriː] 사람 호칭

referee 심판

● ref. [ˈrefərəns] 생활 용어

reference 참고

○ reg [ˈreɡjʊlər] 생활 용어

regular 정규의, 일반적인

○ rep [ˌreprɪˈzentətɪv] 사람 호칭

representative 대표

● res [rez] 생활 용어

reservation [ˌrezərˈveɪʃən] 예약

● Rev. [ˈrevərənd] 사람 호칭

reverend [ˈrevərənd] 목사

RGB 컴퓨터 용어

Red Green Blue [red griːn bluː]
빨강 초록 파랑. 영상이나 빛과 관련한
색상 체계.

○ RIP 채팅 용어

Rest In Peace [rest ɪn piːs]
평안히 쉬다. 주로 장례식과 묘비의 추모.

A: My childhood pet passed away yesterday.
내 어릴 적 애완동물이 어제 돌아갔어.

B: Oh no, RIP. I'm so sorry for your loss. 안 돼,
삼가 고인의 명복을 빕니다. 정말로 속상하겠어.

○ RN 의학 용어

Right Now [raɪt naʊ] 지금 바로.

○ ROFL [ˈrɒfl] 채팅 용어

Rolling On the Floor Laughing
[ˈroʊlɪŋ ɒn ðə flɔːr ˈlæfɪŋ]
바닥에서 구르면서 웃음. LOL보다 강한
웃음 표현.

A: And then I walked into the room with my
shirt inside out. 그리고 나서 옷을 거꾸로 입고
그 방에 들어갔어.

B: ROFL! That's hilarious. 바닥에 구르며 웃겠다!
정말 웃겨.

○ ROI 경제 용어

Return On Investment
[rɪˈtɜːrn ɒn ɪnˈvestmənt]
투자 수익률. 수익성 측정.

○ RPG 게임 용어

Role Playing Game [roʊl ˈpleɪɪŋ ɡeɪm]
롤플레잉 게임.

○ RPM 단위

Revolutions Per Minute
[ˌrevəˈluːʃənz pɜːr ˈmɪnɪt]
분당 회전수. 회전 속도 측정 단위.

○ RSVP 채팅 용어

Répondez S'il Vous Plaît
[ʁe.pɔ̃.de sil vu plee]
답변 부탁드립니다. 응답 요청. 결혼식이
나 다른 파티 초대장에 이 요청을 볼 수
있다.

A: Did you get the invite for the party? 파티 초
대장 받았어?)

B: Yes, and I already RSVP'd. 응, 그리고 이미 회
신했어.

○ RT 채팅 용어 / 컴퓨터 용어

ReTweet [riːˈtwiːt]
트위터에서 사용하는 말로, 본인 계정에

서 지인들에게 내용을 퍼뜨리는 것.

A: Did you see that amazing article on climate change? 기후 변화에 대한 그 놀라운 기사 봤어?

B: Yes, it was so informative. I had to RT it. 응, 정말 유익했어. 리트윗해야 했어.

○ RUOK 채팅 용어

aRe yoU OKay? [ɑːr juː oʊˈkeɪ] 괜찮아?

A: I'm feeling really down today. 오늘 기분이 정말 안 좋아.

B: RUOK? Do you want to talk about it? 괜찮아? 이야기하고 싶어?

SARS [sɑːrz] 질병

Severe Acute Respiratory Syndrome
[sɪˈvɪər əˈkjuːt rɪˈspɪrətɔːri ˈsɪndroʊm]
중증 급성 호흡기 증후군.

● SAT [es eɪ ˈtiː] 생활 용어

Scholastic Assessment Test
[skəˈlæstɪk əˈses.mənt test]
학업 능력 테스트. 미국의 수능.

● Sat 생활 용어

Saturday [ˈsætɚˌdeɪ] 토요일

SBA 정부 기관

Small Business Administration
[smɔːl ˈbɪznɪs ədˌmɪnɪˈstreɪʃən]
미국의 소기업 행정. 금융 및 교육을 지원한다.

SCOTUS [ˈskoʊtəs] 정부 기관

Supreme Court Of The United States
[suːˈpriːm kɔːrt əv ðə juːˈnaɪtɪd ˈsteɪts]
미국 대법원.

● sec [sek] 생활 용어

second [ˈsekənd] 초

● Sep 생활 용어

September [sepˈtembər] 9월

● SIM [sɪm] 컴퓨터 용어

Subscriber Identification Module

[səbˈskraɪbər ˌaɪdənˈtɪfɪˈkeɪʃən ˈmɒdjuːl]
구독자 식별 모듈. 휴대폰 칩.

○ sis [sɪs] 사람 호칭

sister [ˈsɪstər] 누나, 여동생

SME 회사 용어

Small and Medium-sized Enterprises
[smɔːl ənd ˈmiːdiəm'saɪzd ˈentəˌpraɪzɪz]
중소기업.

○ SMH 채팅 용어

Shaking My Head [ˈʃeɪkɪŋ maɪ hed]
머리를 흔들며. 놀라거나 실망했을 때 쓰는 표현.

A: She wore pajamas to the interview. 그녀가 면접에 파자마를 입고 갔어.

B: SMH, that's not going to help her get the job. 진짜 이해할 수 없어, 그런 식으로는 일자리를 구할 수 없을 거야.

● SMS 컴퓨터 용어

Short Message Service 문자 메시지.
[ʃɔːrt ˈmesɪdʒ ˈsɜːrvɪs]

★ SO 채팅 용어

Significant Other [sɪgˈnɪfɪkənt ˈʌðər]
중요한 다른 사람. 20세기 후반에 나온 말로, 연인을 지칭하지만 성별을 알리고 싶지 않을 때 쓰곤 한다.

A: I'm going to dinner with my SO. 난 내 애인과 저녁 식사를 할 거야.

B: That sounds nice! Where are you going? 좋네! 어디로 가려고?

SOP 회사 용어

Standard Operating Procedure
[ˈstændərd ˈɒpəreɪtɪŋ prəˈsiːdʒər]
표준 운영 절차.

○ SOS 채팅 용어

Save Our Souls [seɪv aʊr soʊlz]
우리의 영혼을 구해주세요. 위급 신호.

A: I'm lost in this new city. 이 새 도시에서 길을 잃었어.

B: SOS! Someone help my friend! 도와주세요! 내 친구를 도와주세요!

○ **specs** [speks] 생활 용어

specifications [ˌspekɪfɪˈkeɪʃənz]
사양, 명세서

○ **SPK** [spiːk] 채팅 용어

SPeaK 말해.

A: Can we SPK later? 나중에 얘기 좀 할 수 있을까?
B: Sure, just text me when you're free. 그럼, 시간 날 때 문자해.

○ **Sq.** [skwɛr] 생활 용어

SQuare [skwɛr] 광장.

○ **SQL** [ˈsiːkwəl] 컴퓨터 용어

Structured Query Language
[ˈstrʌktʃərd ˈkwɪri ˈlæŋgwɪdʒ]
구조화된 쿼리 언어. 데이터베이스를 위한 프로그래밍 언어.

● **Sr.** [ˈsiːnɪər] 사람 호칭

Senior [ˈsiːnɪər] 시니어, 아버지.

○ **SRY** [ˈsɒri] 채팅 용어

SoRrY 미안해.

A: You forgot our anniversary! 우리의 기념일을 잊었어!
B: SRY, I'll make it up to you. 미안, 보상할게.

○ **SSDD** 채팅 용어

Same Stuff, Different Day
[seɪm stʌf, ˈdɪfərənt deɪ]
같은 것, 다른 날.

A: How's work going? 일 어때?
B: SSDD, just the usual workload. 똑같아, 평소와 다를 바 없어.

SSN 정부 기관

Social Security Number 사회 보장 번호.
[ˈsoʊʃəl sɪˈkjʊrɪti ˈnʌmbər]

★ **St.** 사람 호칭

Saint [seɪnt] 성인.

★ **St.** 생활 용어

STreet [striːt] 거리.

○ **STFU** 채팅 용어

Shut The Fuck Up [ʃʌt ðə fʌk ʌp] 닥쳐.

A: I told you, I'm just not ready to talk about it. 말했잖아, 이거에 대해 얘기하려면 아직 준비가 안 됐다고.
B: Okay, I get it, STFU. 알았어, 입 다물게.

★ **Sun** 생활 용어

Sunday [ˈsʌndeɪ] 일요일.

↻ **SUP** [sʌp] 채팅 용어

what'S UP? [wɒts ʌp] 뭐해?

A: Hey! 안녕!
B: SUP? 뭐하고 있어?

○ **SUV** 물건

Sport Utility Vehicle
[spɔːrt juːˈtɪləti ˈviːəkl]
스포츠 유틸리티 차량. 승용차보다 지상고가 높고, 짐을 많이 실을 수 있다.

SWAT [swɒt] 정부 기관

Special Weapons And Tactics
[ˈspeʃəl ˈwepənz ənd ˈtæktɪks]
특수 무기 및 전술. 경찰 부대.

SWOT [swɒt] 회사 용어

Strengths, Weaknesses, Opportunities, Threats
[streŋks, ˈwiknɪsɪz, ˌɑpərˈtunɪtiz, θrets]
장점, 약점, 기회, 위협. 상황이나 사람을 분석할 때 쓴다.

T&C [ˌtiːˈændˈsiː] 회사 용어

Terms and Conditions 이용 약관.
[tɜrmz ənd kənˈdɪʃənz]

○ **TBA** 채팅 용어

To Be Announced [tuː biː əˈnaʊnst]
공개 예정. 나중에 정보를 공유할 예정.

A: When will they reveal the speaker for the event? 행사의 연사는 언제 발표할까?
B: It's still TBA. 아직 발표 예정이야.

○ TBC 채팅 용어

To Be Confirmed [tu: bi: kən'fɜːrmd]
확인 예정.

A: When is the meeting? 회의 언제야?
B: It's TBC. 아직 확정되지 않았어.

○ TBD 채팅 용어

To Be Determined [tu: bi: dɪ'tɜːrmɪnd]
결정 예정. 아직 결정되지 않음.

A: What's the topic of our next project? 우리 다음 프로젝트의 주제는 뭐야?)
B: It's TBD. We will discuss it tomorrow. 아직 정해지지 않았어. 내일 논의할 거야.

○ TBF 채팅 용어

To Be Frank [tu: bi: fræŋk]
솔직하게 말해서.

A: How was the movie? 영화 어땠어?
B: TBF, it was pretty boring. 솔직히 말해서, 꽤 지루했어.

○ TBH 채팅 용어

To Be Honest [tu: bi: 'ɒnɪst]
솔직히 말해서.

A: Do you like my new haircut? 내 새로운 머리 스타일 어때?
B: TBH, it really suits you. 솔직히, 너한테 진짜 잘 어울려.

○ TBT 채팅 용어

ThrowBack Thursday
['θroʊbæk 'θɜːrzdeɪ]
회상하는 목요일. 인스타그램 등의 소셜 미디어에서 과거의 게시물을 다시 올릴 때 쓰는 해시태그.

A: Why are you posting an old photo today? 오늘 왜 옛날 사진을 올려?
B: It's TBT! TBT니까!

★ tech [tek] 과학 용어

technology [tek'nɒlədʒi] 기술

○ telly ['teli] 물건

television ['telɪ,vɪʒən]
텔레비전. 영국에서 주로 쓰는 용어.

○ temp [temp] 회사 용어

temporary ['tempə,reri] 일시적인

○ TGIF 채팅 용어

Thank God, It's Friday.
[θæŋk gɒd ɪts 'fraɪdeɪ]
다행히 금요일이야. 1960년대부터 미국에서 사용되던 말로, 주말을 맞이하는 기쁨을 표현한다.

A: This week was so long. 이번 주가 너무 길었어.
B: TGIF! Let's relax tonight. 다행히 오늘이 금요일이야! 오늘 밤 푹 쉬자.

○ Thu / Thurs 생활 용어

Thursday ['θɜːrzdeɪ] 목요일

○ THX ['θæŋks] 채팅 용어

Thanks 고마워.

A: You saved me a seat! 내 자리를 남겨줬네!
B: No problem. THX for coming! 문제 없어. 와줘서 고마워!

○ TIA ['tiːʌ] 채팅 용어

Thanks In Advance [θæŋks ɪn əd'væns]
미리 감사합니다.

A: Can you send me the files by tomorrow? 내일까지 파일 좀 보내줄래?
B: Sure, TIA for your patience. 물론이지, 참아줘서 미리 고마워.

○ TLDR 채팅 용어

Too Long; Didn't Read
[tu: lɒŋ; 'dɪdn riːd]
너무 길어서; 읽지 않음.

A: What did that email say? 그 이메일에 뭐라고 써 있었어?
B: TLDR; We have a meeting on Friday. 길어서 다 못 읽었는데; 우리는 금요일에 미팅이 있다.

○ TMI 채팅 용어

Too Much Information

[tuː mʌtʃ ˌɪnfəˈmeɪʃən]

너무 많은 정보. 정보가 부적절하거나 불편하게 느껴질 때 쓴다.

A: I ate so much that I had to unbutton my pants. 너무 많이 먹어서 바지 단추를 풀어야 했어.
B: Haha, TMI! 하하, 정보 과다야!

TNT 물건 과학 용어

TriNitroToluene [ˌtrɪnɪtroʊˈtɒljuˌiːn]
트리니트로톨루엔. 폭발물의 종류.

O TOS 회사 용어

Terms Of Service [ˈtɜːrmz əv ˈsɜːrvɪs]
서비스 약관.

TSA 정부 기관

Transportation Security Administration [ˌtrænspɔːrˈteɪʃən sɪˈkjʊrəti ˌædmɪnɪˈstreɪʃən]
교통 보안 행정부.

O TTFN 채팅 용어

Ta Ta For Now [tɑ tɑ fər naʊ]
이제 안녕. Ta Ta는 주로 영국에서 쓰는 친근한 이별 인사로, 1940년대 영국의 라디오에서 처음 사용됐다.

A: I'm logging off now. 이제 로그아웃할게.
B: TTFN! Catch you later. 잘 가! 나중에 보자.

O TTYL 채팅 용어

Talk To You Later [tɔːk tuː juː ˈleɪtər]
나중에 연락할게.

A: I have to go to a meeting now. 지금 회의 가야 돼.
B: No worries, TTYL! 걱정 마, 나중에 얘기하자!

● Tue / Tues 생활 용어

Tuesday [ˈtjuːzdeɪ] 화요일

★ TV [ˌtiːˈviː] 물건

TeleVision [ˈtelɪˌvɪʒən] 텔레비전.

O TY [ˈθæŋk juː] 채팅 용어

Thank You 감사합니다.

A: I helped you with your luggage. 짐을 도와줬어.
B: TY! That was really kind. 고마워! 정말 친절하네.

O UFO 과학 용어

Unidentified Flying Object [ˌʌnɪˈdentɪfaɪd ˈflaɪɪŋ ˈɒbdʒekt]
미확인 비행 물체.

O UI 컴퓨터 용어

User Interface [ˈjuːzər ˈɪntərfeɪs]
사용자 인터페이스. 사용자가 장치와 서로 뜻을 주고 받는 방식.

★ UK 지역 이름

United Kingdom [juːˈnaɪtɪd ˈkɪŋdəm] 영국.

★ UN 국제 기관

United Nations [juːˈnaɪtɪd ˈneɪʃənz]
유엔. 1945년 설립된 국제 조직.

O uni [ˈjuːni] 생활 용어

university [ˌjuːnɪˈvɜrsɪti] 대학교

● UPS 회사 이름

United Parcel Service [juːˈnaɪtɪd ˈpɑːrsəl ˈsɜːrvɪs]
유나이티드 패키지 서비스. 미국의 대형 택배 및 물류 서비스 회사.

O UR 채팅 용어

yoU aRe [juː ɑːr] 너는

A: I'm so bad at math. 나 수학 진짜 못 해.
B: UR not alone, I struggle with it too. 너 혼자 그런 게 아니야, 나도 힘들어.

★ URL [ɜːl] 컴퓨터 용어

Uniform Resource Locator [ˈjuːnɪfɔːrm ˈresɔːrs ˈləʊkeɪtər]
인터넷 주소.

★ USA 지역 이름

United States of America [juːˈnaɪtɪd steɪts əv əˈmerɪkə]
미합중국. 미국.

○ **USB** `컴퓨터 용어`

Universal Serial Bus
[ˌjuːnɪˈvɜːrsəl ˈsɪriəl bʌs]
유니버설 시리얼 버스. 1990년대 중반에
만들어진 컴퓨터의 하드웨어 연결 방식.

USSR `지역 이름`

Union of Soviet Socialist Republics
[ˈjunjən əv ˈsoviet ˈsoʊʃəlɪst rɪˈpʌblɪks]
옛날 소련.

● **UV** `과학 용어`

UltraViolet [ˌʌltrəˈvaɪəlɪt] 자외선.

○ **UX** `컴퓨터 용어`

User eXperience [ˈjuːzər ɪkˈspɪriəns]
사용자 경험. 사용자의 제품이나 서비스
에 대한 느낌.

V `단위`

Volts [voʊlts] 볼트. 전기 측정 단위.

vege [vedʒi] `사람 호칭`

vegetarian [ˌvedʒɪˈteriən] 채식주의자

○ **vet** [vet] `사람 호칭`

veterinarian [ˌvetəˈrɪneriən] 동물 의사

VFM `경제 용어`

Value For Money [ˈvæljuː fər ˈmʌni] 가성비.

VHS `물건`

Video Home System
[ˈvɪdi.oʊ hoʊm ˈsɪstəm]
비디오 홈 시스템. 아날로그 비디오 녹화
테이프 시스템.

● **VIP** `사람 호칭`

Very Important Person
[ˈveri ˈɪmpɔːrtənt ˈpɜːrsən]
매우 중요한 사람. 중요한 인물 또는 특
권을 가진 인물.

○ **Vlog** [vlɒg] `컴퓨터 용어`

Video log [ˈvɪdioʊ lɒg] 비디오 블로그

○ **VN** `채팅 용어`

Very Nice [ˈveri naɪs] 정말 좋다.

A: I got an A on the test. 시험에서 A를 받았어.
B: VN! Congrats! 정말 좋다! 축하해!

○ **VPN** `컴퓨터 용어`

Virtual Private Network
[ˈvɜːrtjuəl ˈpraɪvɪt ˈnetwɜːrk]
가상 사설 네트워크. 보안을 위한 인터넷
우회 연결.

VPOTUS [ˌviːˈpoʊtəs] `사람 호칭`

Vice President Of The United States
[vaɪs ˈprezɪdənt əv ðə juːˈnaɪtɪd ˈsteɪts]
미국 부통령.

★ **Vs.** [ˈvɜrsəs] `생활 용어`

VerSus
라틴어로 '대', '반대'를 의미한다. 두 가
지를 비교할 때 그 사이에 쓰는 말.

A: Are you watching the soccer game tonight?
It's Team A vs. Team B. 오늘 밤 축구 경기 볼 거
야? 팀 A 대 팀 B야.
B: Absolutely, I can't wait! 물론이지, 정말 기대돼!

○ **WAN** [wæn] `컴퓨터 용어`

Wide Area Network 광대역 인터넷 연결.
[waɪd ˈeəriə ˈnetwɜːrk]

○ **WDYMBT** `채팅 용어`

What Do You Mean By That?
[ˈwʌt du ˈjuː min baɪ ˈðæt]
그게 무슨 뜻이에요?

A: That comment you made was a bit off. 그러
한 말을 한 건 좀 이상했어.
B: WDYMBT? I was just being honest. 그게 무슨
뜻이야? 나는 그냥 솔직하게 말한 거야.

○ **Wed** [wed] `생활 용어`

Wednesday [ˈwenzdeɪ] 수요일

T
U
V
W

WFH [ˌwʌrk frəm 'hoom] 회사 용어

Work From Home [wɜrk frəm hoom]
재택 근무.

★ **WHO** ['huː] 국제 기관

World Health Organization
[wɜrld hɛlθ ˌɔːrgəˈneɪʃən]
1948년 설립된 세계 보건 기구.

● **Wi-Fi** ['waɪˌfaɪ] 컴퓨터 용어

Wireless Fidelity ['waɪrlɪs fɪ'dɛlɪti]
무선 충실도. 무선 인터넷을 뜻하며, Wi-
Fi Alliance에 의해 만들어진 상표.

○ **WTF** 채팅 용어

What The Fuck [wɒt ðə fʌk] 뭐야.
A: They cancelled the show after just one
  season. 그들은 그 쇼를 한 시즌만에 취소했어.
B: WTF? It was so good! 뭐야? 정말 좋았는데!

○ **WTG** ['weɪ tə 'goʊ] 채팅 용어

Way To Go [weɪ tə goʊ]
잘했어. 칭찬 또는 격려.
A: I finally got the promotion! 드디어 승진했어!
B: WTG! You totally deserve it! 잘했어! 정말로
  그걸 받을 자격이 있어!

WWF 사설 기관

World Wildlife Fund 세계 야생동물 기금.
[wɜrld 'waɪld,laɪf fʌnd]

● **WYSIWYG** ['wɪziwɪg] 컴퓨터 용어

What You See Is What You Get
당신이 본 대로 당신이 얻는(출력한)다.

○ **XOXO** 채팅 용어

Hugs And Kisses [hʌgz ənd 'kɪsɪz]
포옹과 키스. 친밀한 친구나 연인 사이에서
편지나 메시지를 마무리 할 때 쓴다.
A: I miss you so much! 너무 보고 싶어!
B: Me too, xoxo. 나도 그래, 키스와 허그.

★ **Y?** 채팅 용어

whY? [waɪ] 왜? Y의 발음에서 따온 말.
A: I'm thinking of moving to a new city. 새 도시
  로 이사를 고려 중이야.
B: Y? 왜?

○ **YOLO** ['joʊloʊ] 채팅 용어

You Only Live Once
[juː 'oʊnli lɪv 'wʌns]
한 번뿐인 인생. 래퍼 Drake의 노래 'The
Motto'에 써서 널리 알려졌다.
A: Should I take this spontaneous trip to
  Spain? 스페인으로 갑작스런 여행 가도 될까?
B: YOLO! Just go for it! YOLO! 그냥 가봐!

○ **YOY** ['joʊi] 경제 용어

Year On Year, Year Over Year
[jɪr ɒn jɪr, jɪr 'oʊvər jɪr]
년 대 년. 연간 비교.

YTD 경제 용어

Year To Date [jɪr tə deɪt] 올해까지.

○ **YW** ['juː'wɛlkəm] 채팅 용어

You're Welcome [jʊr 'wɛlkəm]
천만에요.
A: Thanks for helping me move. 이사 도와줘서
  고마워.
B: YW! Anytime. 천만에! 언제든지.

● **ZIP ①** [zɪp] 컴퓨터 용어

Compressed File Format
[kəm'prɛst faɪl 'fɔːrmət]
압축 파일 형식.

● **ZIP ②** [zɪp] 단위

Zone Improvement Plan
[zoʊn ɪm'pruːvmənt plæn]
우편 개선 계획. 미국에서 사용되는 우편
번호 시스템.

○ **ZOO** [zuː] 물건

zoological garden 동물원
[ˌzoʊə'lɒdʒɪkəl 'gɑːrdən]